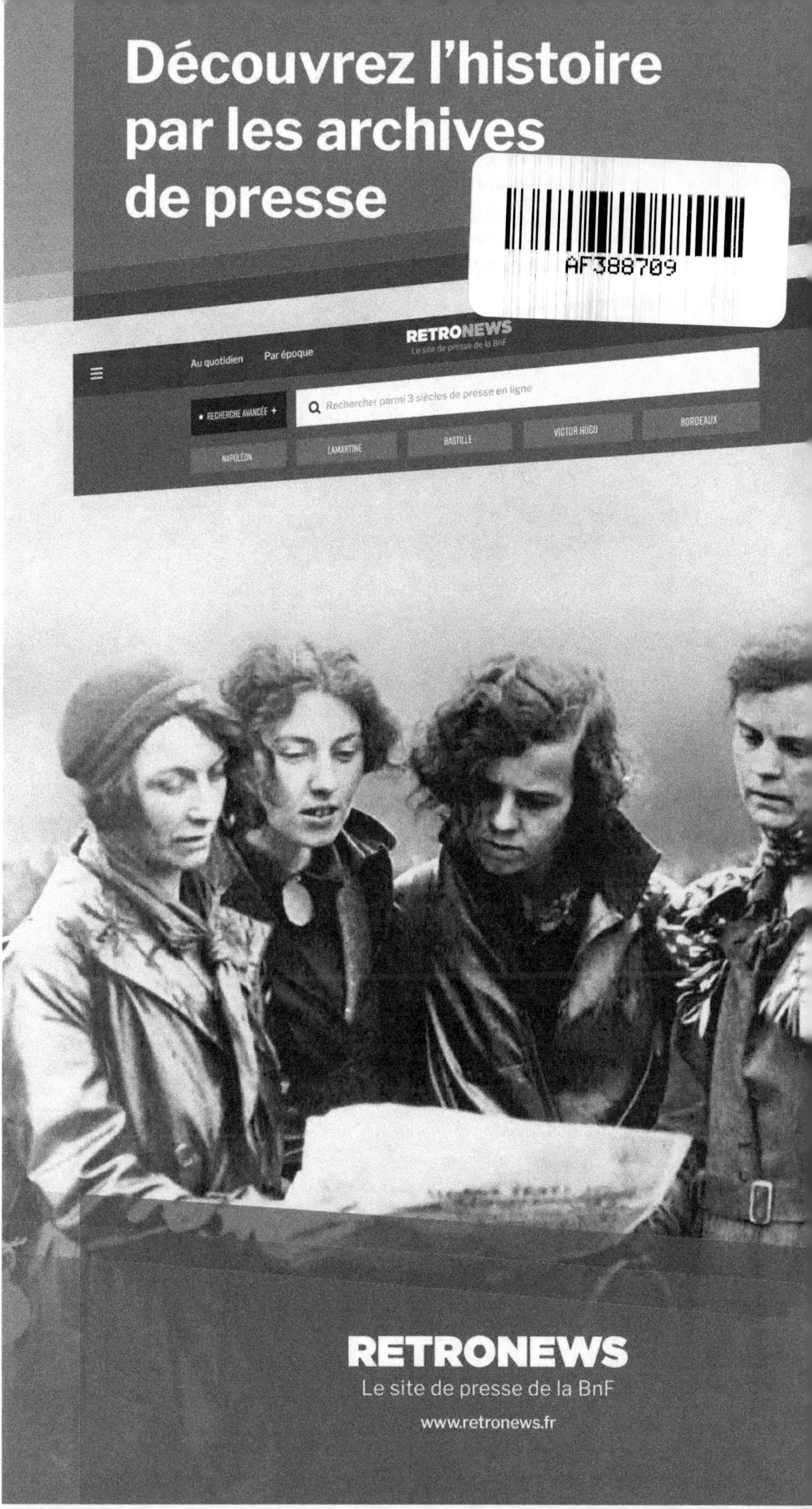

Découvrez l'histoire par les archives de presse

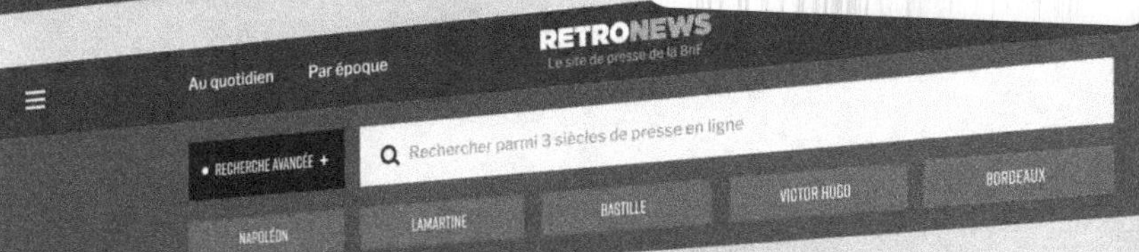

RETRONEWS

Le site de presse de la BnF

www.retronews.fr

BULLETIN

DE

L'ACADÉMIE DU VAR

Sparsa colligo

LXXIVme ANNÉE

1906

TOULON

IMPRIMERIE ET LITHOGRAPHIE A. BORDATO

7, Rue Chevalier Paul, 7

—

1907

ACADÉMIE DU VAR

L'Académie du Var, *fondée en 1800*
a été autorisée en 1811 et reconnue
comme établissement d'utilité publique le 2 octobre 1817

Depuis 1832, elle publie un Bulletin annuel

BULLETIN

DE

L'ACADÉMIE DU VAR

Sparsa colligo

LXXIVme ANNÉE

1906

TOULON

IMPRIMERIE ET LITHOGRAPHIE A. BORDATO

7, rue Chevalier Paul, 7

ACADÉMIE DU VAR

BUREAU POUR L'ANNÉE 1906

MM. Pailhès, O. ✳, I. ◉, ✠, ✠, *président.*
Allègre, *secrétaire général.*
Drageon Gabriel, I. ◉, ✠, ✠ *secrétaire des séances.*
Dʳ Regnault, *trésorier.*
Bonnaud Louis, ◉, *archiviste-bibliothécaire.*

PRÉSIDENTS HONORAIRES

MM.

1900 Bourrilly Louis, I. ◉, Ⓐ, ✠, ✠.
— Lejourdan, ◉.
— Rat G., I. ◉, ✠.
1901 Blanc C., ✳, I. ◉.
— Gistucci Léon, I. ◉.
1903 Ségard (Dʳ), O. ✳, I. ◉.
1905 Rivière Jules, I, ◉, O. ✠, ✠.

LISTE GÉNÉRALE

DES

MEMBRES DE L'ACADÉMIE DU VAR

MEMBRES HONORAIRES

MM.

1861 MISTRAL Frédéric, O. ✳, Maillane (B.-du-Rh.).

1869 SÉNÈS, ✳, ✮, agent administratif de la marine, en retraite, Toulon, boulevard de Strasbourg.

1877 BRESC (De), propriétaire, ancien conseiller général du Var, Sillans (Var), boulevard du Roi René, 12, Aix-en-Provence.

— DUTHEIL DE LA ROCHÈRE C. ✳, colonel d'infanterie en retraite, Ollioules.

1879 BIANCHI, O. I. ✮, professeur au Lycée, en retraite, Toulon, rue Chabannes. 4.

— RICHARD (Ch.), ✠, ✮, conseiller à la Cour d'appel, Aix.

— ANDRÉ (H.), I. ✮, professeur au Lycée, Toulon, rue Courbet, 5.

1896 FLORENS, ✳, I. ✮, O.Ⓐ, procureur de la République en retraite, Président honoraire du Tribunal civil, Boulevard de Strasbourg, 70.

1899 DREUILHE, I. ✮, proviseur honoraire, Paris, rue des Boulangers. 36.

1900 BLANC, contre-amiral, C. ✳, I. ✮, à Lorient.

MM.

1901 F. FABIÉ, ✳, I, ✿, Directeur de l'École Colbert,
27, rue Château Landon, Paris.

— Jean AICARD, O. ✳, I. ✿, homme de lettres,
La Garde, près Toulon.

MEMBRES TITULAIRES

MM.

1869 RAT (G.), I. ✿, C. ✠, ancien capitaine au long cours,
secrétaire de la Chambre de commerce, boulevard de Strasbourg, 21.

1871 CHAIGNEAU, ✳, ✿, lieutenant de vaisseau en
retraite, rue de l'Arsenal, 5.

1875 JAUBERT D., avocat, rue Peiresc, 14.

— BOYER J., 1. ✿, avoué honoraire, 9 rue Dumont-
D'Urville, Toulon.

1877 MOUTTET, avoué, Toulon, rue Lafayette, 109.

1881 LAURE, avocat, Toulon, rue Henri Pastoureau, 2.

— MOULARD, avocat, ✿, Toulon, rue Saint-Louis, 4

1883 MARTINENG (J. de), propriétaire, Val Bertrand, près
Toulon.

— ROCHE, avocat, ✿, ✠, Conseiller général du
Var, Toulon, rue Revel, 16.

1884 ROUVIER (Dr), O. ✳. I. ✿, directeur du service de
santé de la marine, Toulon, rue de l'Arsenal, 13.

1885 SÉGARD (Dr), O. ✳, I. ✿, médecin en chef de la
marine en retraite, Toulon, place Puget, 10.

1888 BOURRILLY, I. ✿, Ⓐ, ✠, ✠, inspecteur de l'Enseigne-
ment primaire, Toulon, boulevard Tessé, 28.

MM.

1888 Pastoret (l'Abbé), curé de St-Flavien, Mourillon.

1889 Arène (F.), ancien notaire, Pignans (Var).

1891 Laforgue, avocat, Marseille, rue Montgrand, 22.

1893 Armagnin, I. ✿, publiciste, chef de bureau à la mairie de Toulon.

1894 Moulet, I. ✿, Ⓐ, ✠, publiciste, doyen du syndicat de la presse marseillaise, Six-Fours-Reynier, « La Pervenche ».

— Guglielmi, ✿, statuaire, Toulon, rue Victor-Clappier, 46.

— Pailhès, O. ✳, I. ✿, C. ✠, ✠, capitaine de vaisseau, Toulon, boulevard de Strasbourg, 24.

— Bonnaud Louis, ✿, directeur d'école en retraite, Toulon, rue Truguet, 8.

— Bottin, ✿, archéologue, receveur des postes et télégraphes en retraite, Ollioules.

1895 Rouget, ✳, ✿, O. Ⓐ, Square Vauban, 27, Toulon.

— Rivière, I. ✿, ✠, ✠, architecte, avenue Vauban, 15, Toulon.

— Janet (Armand), Ingénieur, 29, rue des Volontaires (Paris XVᵉ).

1896 Drageon (Gabriel), I. ✿, O. ✠, ✠, vice-consul de Norwège, Toulon, rue Picot, 6.

— Lejourdan, ✿, ancien avocat, rue Gimelli, 12.

1897 Le Bouleur de Courlon, ancien conseiller de préfecture, Toulon, boulevard de Strasbourg, 66.

1898 Vian, ✿, docteur en médecine, Toulon, boulevard de Strasbourg, 44.

— Perrette, I. ✿, publiciste, Toulon, rue Picot, 52.

MM.

1898 HAGEN, ✳, I. ☘, médecin des troupes coloniales, Toulon-Mourillon, boulevard Grignan, 57.

1899 GISTUCCI, I. ☘, professeur au Lycée Ampère, 5, Quai de la Guillotière à Lyon.

1900 LACOSTE, ☘, ingénieur civil, 11 bis, place du Quatre-Septembre, Aix-en-Provence.

— VAILLANT, (D^r), Toulon, rue Nationale, 82.

— ALLÈGRE, professeur au Lycée, rue Picot, 50.

— CLAUDE, ☘, professeur de mathématiques (cours St-Cyr) au Lycée de Toulon, Mourillon.

— PAUL Alex., publiciste, rue de la République, 70.

— LASCOLS, (D^r), rue Racine, 7.

— SUZANNE, I. ☘, O. ✠, Juge au Tribunal international d'Alexandrie (Egypte).

1901 SAUVAN, O. ✳, I. ☘, capitaine de vaisseau, rue de Chabannes, 17.

— EMILY (D^r), O. ✳, de la mission Marchand, médecin colonial.

— RAUGÉ (D^r), ✳, Tamaris-s/mer, villa des Pâquerettes et Toulon, rue République, 43.

— BARTHE DE SANDFORT (D^r), Six-Fours, et rue des Capucines, 24, Paris.

— MOULIN FRANKI, ☘, publiciste, à Bandol (Var).

— PRAT-FLOTTES (D^r), ☘, rue Victor-Clappier, 47.

— ROUSTAN, I. ☘, architecte, rue Dumont-d'Urville, 2.

1902 COLIN, O. ✳, capitaine de vaisseau, rue Nationale, 30 Toulon.

MM.

1902 Béjot ✳, chef de bataillon au 5ᵉ Génie, 45, rue Carnot, à Versailles.

— Fioupou, ✳, commissaire adjoint de la marine en retraite, Toulon, rue Bonnetières, 20.

1903 Regnault (Dʳ), rue Peiresc, 14.

1904 Charras, pharmacien, membre de la Société Botanique de France, Saint-Cyr (Var).

1905 Ferrieu, commissaire de la Marine à bord du " Catinat " au Pacifique.

— Mourron Edmond, médecin de 1ʳᵒ classe de la Marine, rue Peiresc, 13.

— Noir, ✳, lieutenant-colonel, artillerie de terre, Toulon.

— Bonaparte-Wyse, ✳, ✠, ✠, ✠, villa Isthmia, Cap-Brun.

— Maggini Joseph, littérateur, Toulon, rue Neuve, 36.

1906 Cottrelle ☼, (A), O. ✠, juge de paix, 21, rue Mirabeau.

— Honorat Victor ☼, quartier des Mouissèques, La Seyne.

— Hauser Fernand, I. ☼, publiciste, 53, chaussée d'Antin, Paris.

— Rose Victorin, publiciste, 9, rue Arsenal, Toulon.

— Bonnescuelle de Lespinois, avocat, ancien bâtonnier, 20, rue Lafayette, Toulon.

— Gall Joseph, professeur d'allemand, à Ollioules (Var).

MEMBRES ASSOCIÉS

MM.

1875 CERCLE DE LA MÉDITERRANÉE, boulevard de Strasbourg, 15.

— GRUÉ, avoué, Toulon, rue République, 40.

— MIREUR, ✳, I. ◊, archiviste du département du Var, Draguignan.

— NÈGRE, C. ✳, commissaire général de la marine en retraite, rue Nicolas-Laugier, 35.

1877 ANDRÉ, ✳, commissaire de la marine en retraite, Toulon, boulevard de Strasbourg, 19.

— ARÈNE, notaire honoraire, villa Trélet-Montbel, La Crau,

1878 JOUVE, ✳, ✠, ✠, consul des Pays-Bas, Toulon, rue Hôtel-de-Ville, 8.

— TOYE (Dr), ◊, médecin principal de la marine en retraite, Toulon, rue Saint-Vincent, 1.

1879 BERTRAND, ancien notaire, Toulon, rue Molière, 6.

1882 GIRARD, I. ◊, professeur à l'école normale de Nice (Alpes-Maritimes).

1883 ALIBERT, comptable de la marine, Toulon-Mourillon rue Castillon, 11.

— GASQUET, ✳, I. ◊, ancien directeur de l'école Rouvière, Toulon.

— HENSELING, négociant, Toulon, place Gustave-Lambert, 1.

MM.

1883 TUDAL (V.), négociant, Toulon, avenue Vauban, 3ı

1885 CARLE, avocat, propriétaire, Toulon, avenu
     Vauban, 8.

—   GÉRARD (Ch.), négociant, ancien président de l
     Chambre de Commerce, Toulon, rue d'Alger, 3

1886 LAURE (D'), O. ✳, médecin principal de la marin
     en retraite, Grasse, Boulevard Victor-Hugo, 4.

—   AILLAUD, licencié en droit, notaire, Toulon, boule
     vard de Strasbourg, 44.

—   ASHER (Astier), libraire, Unter den Linden, Berli
     (Prusse).

—   DOLLIEULE, avocat, ancien magistrat, Marseille, ru
     Saint–Jacques, 92.

1891 CERCLE ARTISTIQUE de Toulon, rue Corneille, 2.

1893 Mᵐᵉ BARTHELEMY, Toulon, rue Vauban, 8.

—   AYASSE, receveur des contributions indirecte
     Vence (A.-M.)

—   CHAMBRE DE COMMERCE, de Toulon, boulevard d
     Strasbourg, 27.

—   MOUTTET, ✳, notaire, maire de Signes.

1894 CABRAN Auguste, ✳, ancien maire de La Crau
     (Var).

—   CAPON, ✳, directeur d'école supérieure, en re
     traite, Solliès-Pont (Var).

MM.

COTTIN (Paul), sous-conservateur de la Bibliothèque de l'Arsenal, directeur de la *Revue rétrospective*, à Paris.

CHAUVET, directeur de l'école de St-Roch, Toulon.

DAUPHIN, ✻, peintre du Ministère de la Marine, boulevard de Strasbourg, 48.

MICHEL, ✿, professeur à l'école Rouvière.

TOUCAS, ✿, directeur d'école en retr. Pierrefeu.

BANON, ✻, capitaine de frégate, Toulon, rue République, 13.

LAUGIER, directeur de l'école de La Crau.

LAURET, ✿, professeur de musique à l'école Rouvière, avenue Amavet, 17, St-Jean-du-Var, Toulon.

TRABAUD, ✿, directeur de l'école de Cuers.

Mlle DE MARTINENG, campagne Valbertrand, près Toulon.

CROUZET (Ernest), directeur de l'école de Barjols.

JOACHIN, ✿, directeur de l'école de Saint-Jean-du-Var.

MOUROU (Louis), Instituteur à St-Roch, Toulon.

PEAN (Toussaint), horloger, publiciste à Brignoles.

RICHAUD (Léon) ✿, directeur de l'école de La Londe.

TREMELLAT (Vincent), I. ✿, directeur honoraire d'école publique, à Toulon.

LETUAIRE Henri, coutelier, 35, rue d'Alger, Toulon.

VIDAL (Aristide), Ⓐ, directeur de l'école de Carqueiranne.

CLAVET, ✿, compositeur de musique, rue de l'Etoile, Marseille

MM.

1898 FOURNIER, agent général de la Caisse d'épargn
　　　Toulon.

— GNANADICOM François, magistrat à Saint-Den
　　　(Réunion).

1899 LEVET, directeur de l'école du Castellet.

— SPARIAT (l'abbé), majoral du Félibrige, curé
　　　Plan-de-la-Tour.

1900 BUJARD, ✳, ✺, Procureur général, à Dijon.

— DUTHEIL DE LA ROCHÈRE, ✳, capitaine d'artiller
　　　à Faveyrolle (Ollioules).

— LAFAYE, I. ✺, professeur-adjoint à la Faculté d
　　　Lettres, 105, boulevard St-Michel, Paris.

— ROSSI, I. ✺, président du Cercle Artistique, r
　　　République, 62.

— DELMAS Jacques, I. ✺, professeur honoraire
　　　lycée de Marseille, rue Goudard, 8.

— CARSIGNOL (l'abbé), à Bourg-St-Andéol (Ardèch

1901 MATHIEU (contre-amiral), C.✳, Paris, rue Campag
　　　Première, 15.

— COSTA DE BASTELICA (comte), médecin principal
　　　chef des armées, en retraite, correspondant
　　　l'Académie de Médecine, Ajaccio.

— MARIMBERT, capitaine au 10e régiment d'Infante
　　　coloniale, à Na-Cham (Tonkin).

1902 MICHEL Gabriel, ✳, I. ✺, avocat général près
　　　Cour de l'Indo-Chine à Hanoï (Tonkin).

— COURET Antoine, notaire, rue Racine, 9.

MM.

1904 Ducros, 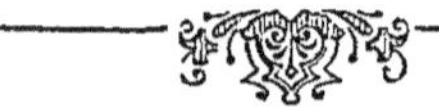, directeur de l'école de La Valette.
— Plan, directeur de l'école de Pierrefeu.
— Maybon, ⚘, professeur au Collège d'Hanoï.
1905 Estrailler, instituteur, à Puget-Ville.
— Blang (l'abbé), curé de Montmeyan (Var).
1906 De Brignac Henri, géologue, Ollioules (Var).
— Chaperon (l'abbé), curé de La Martre (Var).

Sociétés Savantes

CORRESPONDANTES DE L'ACADÉMIE DU VAR

SOCIÉTÉS FRANÇAISES

ABBEVILLE (Somme). — Société d'Emulation.

AIX (B.-du-Rh.). — Académie des Sciences, agriculture, arts et belles-lettres.

AIX. — Société d'Etudes provençales.

ALGER. — Société historique Algérienne.

AMIENS (Somme). — Académie des sciences, lettres et arts.

AMIENS. — Société des Antiquaires de Picardie.

ANNECY (Hte-Savoie). — Société Florimontane.

ANGERS (Maine-et-Loire). — Société nationale, d'agriculture, sciences et arts.

ANGOULÊME (Charente). — Société archéologique et historique de la Charente.

ARRAS (Pas-de-Calais). — Académie des sciences, lettres et arts.

ARRAS. — Commission départementale des monuments historiques du Pas-de-Calais.

AUTUN (Saône-et-Loire). — Société éduenne des lettres, sciences et arts.

AUXERRE (Yonne). — Société des sciences historiques et naturelles.

AVESNES (Nord). — Société archéologique.

AVIGNON (Vaucluse). — Académie de Vaucluse.

BAR-LE-DUC (Meuse). — Société des lettres, sciences et arts.

BEAUNE (Côte-d'Or). — Société d'archéologie, d'histoire et de littérature.

BEAUVAIS (Oise). — Société académique d'archéologie, sciences et arts du département de l'Oise.

Besançon (Doubs). — Académie des sciences, belles-lettres et arts.

Béziers (Hérault). — Société archéologique, scientifique et littéraire.

Blois (Loir-et-Cher). — Société des sciences et lettres du Loir-et-Cher.

Boulogne (Pas-de-Calais). — Société académique.

Bourg (Ain). — Société littéraire, historique et archéologique du département de l'Ain.

Bourges (Cher). — Société historique, littéraire, artistique et scientifique du département du Cher.

Brest (Finistère). — Société académique.

Caen (Calvados). — Académie nationale des sciences, arts et belles-lettres.

Cahors (Lot). — Société des études littéraires, scientifiques et artistiques du Lot.

Cambrai (Nord). — Société d'émulation.

Carcassonne (Aude). — Société des arts et sciences.

Chalons-sur-Marne (Marne). — Société d'agriculture, commerce, sciences et arts du département de la Marne.

Chalon-sur-Saône (Saône-et-Loire). — Société d'histoire et d'archéologie.

Chalon-sur-Saône. — Société des sciences naturelles de Saône-et-Loire.

Chambéry (Savoie). — Académie des sciences, belles-lettres et arts de la Savoie.

Chambéry. — Société Savoisienne d'histoire et d'archéologie.

Clermont-Ferrand (Puy-de-Dôme). — Académie des sciences, belles-lettres et arts.

Constantine. — Société archéologique du département de Constantine.

Digne (Basses-Alpes). — Société scientifique et littéraire des Basses-Alpes.

Dijon (Côte-d'Or). — Académie des sciences, arts et belles-lettres.

Dijon. — Commission des antiquités de la Côte-d'Or.

Douai (Nord). — Société centrale d'agriculture, sciences et arts du département du Nord.

DRAGUIGNAN (Var). — Société d'études scientifiques et archéologiques.

EPINAL (Vosges). — Société d'émulation du département des Vosges.

GAP (Htes-Alpes). — Société d'études historiques, scientifiques, artistiques et littéraires des Hautes-Alpes.

GRENOBLE (Isère). — Société de statistique, des sciences naturelles et des arts industriels de l'Isère.

GRENOBLE (Isère). — Académie delphinale.

GUERET (Creuse). — Société des sciences naturelles et archéologiques.

LA ROCHE-SUR-YON (Vendée). — Société d'émulation de la Vendée.

LA ROCHELLE. — Société des sciences naturelles de la Charente-Inférieure.

LE HAVRE (Seine-Inférieure). — Société Havraise d'études diverses.

LE MANS (Sarthe). — Société historique et archéologique du Maine.

LE MANS. — Société d'agriculture, sciences et arts de la Sarthe.

LE PUY (Hte-Loire). — Société d'agriculture, sciences, arts et commerce du Puy.

LILLE (Nord). — Commission historique du département du Nord.

LIMOGES (Haute-Vienne). — Société archéologique du Limousin.

LYON (Rhône). — Académie des sciences, belles-lettres et arts.

LYON. — Société d'agriculture, sciences et industrie.

LYON. — Bulletin historique du diocèse de Lyon.

MACON (Saône-et-Loire). — Académie des sciences, arts et belles lettres.

MARSEILLE (B.-du-Rhône). — Académie des sciences, lettres et beaux-arts.

MARSEILLE. — Société de statistique.

MARSEILLE. — Société archéologique de Provence.

MONTAUBAN (Tarn-et-Garonne). - Académie des sciences, belles-lettres et arts.

MONTBÉLIARD (Doubs). — Société d'émulation.

MONTBRISON (Loire). — *La Diana*, société historique et archéologique du Forez.

MONTPELLIER (Hérault). — Académie des sciences et lettres.

MONTPELLIER. — Société pour l'étude des langues romanes.

MONTPELLIER. — Société archéologique.

MOULINS (Allier). — Société d'émulation et des beaux-arts du Bourbonnais.

NANCY (Meurthe-et-Moselle). — Société archéologique lorraine et du musée archéologique lorrain.

NANTES (Loire-Inférieure). — Société académique de Nantes et de la Loire-Inférieure.

NARBONNE (Aude). — Commission archéologique de Narbonne.

NEVERS (Nièvre). — Société nivernaise des lettres, sciences et arts.

NEVERS. — Société départementale d'agriculture de la Nièvre.

NICE (Alpes-Maritimes). — Société des lettres, sciences et arts des Alpes-Maritimes.

NÎMES (Gard). — Académie de Nîmes.

ORLÉANS (Loiret). — Société archéologique et historique de l'Orléannais.

PARIS. — Ministère de l'Instruction Publique et des Beaux-Arts :

1. Académie des sciences.
2. Bulletin archéologique du COMITÉ des travaux historiques et scientifiques.
3. Bulletin historique et philologique du même COMITÈ.
4. Revue des travaux scientifiques,   »   »
5. Section des sciences économiques et sociales,   »
6. DEPÔTS DE L'ETAT.
7. Comité des Beaux-Arts des départements.
8. Congrès des Sociétés savantes.

PARIS. — Société nationale des Antiquaires de France.

PARIS. — Société d'anthropologie de Paris.

PARIS. — Société philotechnique.

PARIS. — Société d'ethnographie.

PAU (Basses-Pyrénées). — Société des sciences, lettres et arts.

PERPIGNAN (Pyrénées-Orientales). — Société agricole, scientifique, et littéraire des Pyrénées-Orientales.

POITIERS (Vienne). — Société académique d'agriculture, belles-lettres, sciences et arts.

POITIÉRS. — Société des antiquaires de l'Ouest.

RAMBOUILLET (Seine-et-Oise). — Société archéologique.

REIMS (Marne). — Académie nationale.

RODEZ (Aveyron). — Société des lettres, sciences et arts de l'Aveyron.

ROCHECHOUART (Haute-Vienne). — Société des amis des sciences et arts.

ROCHEFORT (Charente-Inférieure). — Société de géographie et d'agriculture, lettres, sciences et arts.

SAINT-BRIEUC (Côtes-du-Nord). — Société d'Emulation des Côtes-du-Nord.

SAINT-JEAN-DE-MAURIENNE (Savoie). — Société d'histoire et d'archéologie.

SAINT-LÔ (Manche).— Société d'agriculture, d'archéologie et d'histoire naturelle.

SAINT-MALO (Ille-et-Vilaine). — Société historique et archéologique.

SAINT-OMER (Pas-de-Calais). — Société des antiquaires de la Morinie.

SENS (Yonne). — Société archéologique.

SOISSONS (Aisne). — Société archéologique, historique et scientifique.

TOULON (Var). — Société d'agriculture et de viticulture, d'horticulture et d'acclimatation du Var.

TOULON. — Société des Excursionnistes Toulonnais.

TOULOUSE (Haute-Garonne). — Société archéologique du Midi de la France.

TOURS (Indre-et-Loire). — Société d'agriculture, sciences, arts et belles-lettres du département d'Indre-et-Loire.

TROYES (Aube). — Société académique d'agriculture, sciences, arts et belles-lettres du département de l'Aube.

VALENCIENNES (Nord). — Société d'agriculture, sciences et arts.

VANNES (Morbihan). — Société polymathique du Morbihan.

VENDÔME (Loir-et-Cher). — Société archéologique, scientifique et littéraire du Vendômois.

VERSAILLES (Seine-et-Oise). — Société des sciences morales, des lettres et arts de Seine-et-Oise.

Versailles (Seine-et-Oise). — Société des sciences naturelles et médicales.

Vienne (Isère). — Société des sciences naturelles de Vienne.

Vitry-le-François (Marne). — Société des sciences et arts.

Sociétés Étrangères

ALLEMAGNE

Strasbourg. — Société de sciences, agriculture et arts de la Basse Alsace.

Colmar. — Société d'histoire naturelle.

Metz. — Académie de Metz.

Metz. — Société d'histoire naturelle.

Ciessen. — Oberhessische Gesellshaft für Natur-u.

RÉPUBLIQUE ARGENTINE

Buenos-Ayres. — Academia nacional de cieneias.

BELGIQUE

Bruxelles. — Société Royale Malacologique.

ETATS-UNIS

Davenport. — Academy of natural sciences.

Madison. — Wisconsin Academy of sciences, arts and letters.

Montana. — University of Montana.

Ohio. — State University.

Washington. — Nacional Academy of sciences.

ITALIE

Rôme. — Academia reale.

NORWÈGE

Christiania. — Videnskablige instituter og Litteraire.

RUSSIE

Moscou. — Société impériale des Naturalistes.

SUÈDE

STOCKHOLM. — Antiquarisk tidskrift for sverige.
UPSALA. — The geological institution of the University.

SUISSE

BERNE. — Institut géographique international.

URUGUAY

MONTEVIDEO. — Museo nacional.

Revues et Bibliothèques

REVUE HISTORIQUE DE PROVENCE, Marseille.

LA CHRONIQUE MÉRIDIONALE, Marseille.

REVUE EPIGRAPHIQUE, Paris.

BIBLIOTHÈQUE MÉJANES, Aix.

ANNALES DES FACULTÉS DE DROIT ET DE LETTRES. Aix (Biblioth. de l'Université).

SYNDICAT D'INITIATIVE DE BOURGOGNE, Dijon.

LE GLANEUR DU VAR (Abbé Blanc), Montmeyan.

PREMIÈRE PARTIE

Procès-Verbaux des Séances

PROCÈS-VERBAUX DES SÉANCES

SÉANCE DU 3 JANVIER 1906

La séance est ouverte à 4 h. 30, sous la présidence de M. le commandant Pailhès.

Sont présents :

MM. Bonnaud, G. Drageon, docteur Hagen, Jaubert, docteur Mourron, commandant Pailhès, Perrette, Rivière, docteur Regnault, Rouget, Roustant et M. Honorat, membre associé.

Excusés : MM. Allègre et Bourrilly.

— Après la lecture du procès-verbal de la dernière réunion qui est adopté et l'exposé de la situation financière, M. le Président donne communication d'une lettre de M. le ministre de l'Instruction publique annonçant que le 44ᵉ Congrès des Sociétés Savantes s'ouvrira à la Sorbonne le mardi 17 avril prochain. Sont délégués à ce Congrès : MM. Perrette, Rivière et Roustan.

— Hommage est fait à l'Académie : 1· par M. le docteur Regnault de son ouvrage sur la *Médecine et Pharmacie chez les Chinois et chez les Annamites.*

M. le docteur Hagen est désigné pour rédiger un rapport sur ce volume.

2ᵉ Par M. Fernand Hauser, d'un volume de vers : *La Maison des Souvenirs*.

Un rapport sur cet ouvrage sera fait par M. Perrette.

— M. Bourrilly présente ensuite comme membre titulaire M. Cottrelle, juge de paix, à Toulon. Une Commission composée de MM. Bourrilly, docteur Hagen et G. Drageon, est nommée à l'effet d'examiner les titres de ce candidat.

— Il est procédé au renouvellement du bureau.
Ont été réélus :
Président : M. le commandant Pailhès ;
Secrétaire général : M. Allègre ;
Secrétaire des séances : M. G. Drageon :
Bibliothécaire-archiviste : M. L. Bonnaud ;
M. le docteur Mourron a été élu *trésorier*, en remplacement de M. le docteur Regnault, déclinant toute nouvelle candidature.

— M. le docteur Mourron donne lecture du rapport qu'il a rédigé sur l'ouvrage de M. J. Maggini : *Au Souffle du Rêve*, et fait ressortir les mérites de ce livre de vers, inspiré de sentiments nobles et généreux.

— M. Perrette présente ensuite la candidature de M. J. Maggini, qui est élu membre titulaire de l'Académie.

— La parole est donnée à M. Honorat, qui lit une vibrante poésie : *Patrie*, empreinte du plus pur patriotisme, et la séance est levée à 6 heures.

OUVRAGES REÇUS PENDANT LE MOIS DE JANVIER 1906

**NOTA. — Les chiffres entre crochets indiquent le numéro
de la Série dans les Archives.**

MONTBRISON. *La Diana*, Bulletin de la Société historique et
archéologique du Forez [86]. — AUXERRE. Bulletin de la Société
des sciences historiques et naturelles [28]. — CHAMBÉRY. Mémoires de la Société Savoisienne d'histoire et d'archéologie [52]. —
GUÉRÈT. Mémoires de la Société des sciences naturelles et
archéologiques [67]. — SAINT-MALO. Annales de la Société historique et archéologique [114]. — MONTBÉLIARD. Mémoires de la
Société d'émulation [85]. — BÉZIERS. Bulletin de la Société
archéologique, scientifique et littéraire [35]. — GRENOBLE. Bulletin de la Société de statistique, des sciences naturelles et des
arts industriels de l'Isère [65]. — NARBONNE. Bulletin de la Commission archéologique [94].

Les ouvrages DONNÉS PAR LES AUTEURS *sont l'objet d'une mention
spéciale dans les comptes-rendus des séances.*

SÉANCE DU 7 FÉVRIER 1906

Présidence de M. J. Rivière, Président honoraire.

Sont présents :

MM. Allègre, L. Bonnaud, Bottin, Bourrilly, comman-
dant Collin, G. Drageon, Fioupou, docteur Hagen,
Jaubert, Lejourdan, Maggini, de Martinenq, docteur
Mourron, Perretté, docteur Regnault, Roustan,
J. Rivière, commandant Sauvan.
Excusés : MM. Chaigneau et Rouget.

— Après la lecture du procès-verbal de la dernière
réunion, M. le Président souhaite la bienvenue à M. Maggini, élu membre titulaire, qui, en termes cordiaux,
remercie l'Académie d'avoir bien voulu l'admettre dans
son sein.

— Hommage est fait à l'Académie : 1° par M. Rose,
d'une plaquette de vers, « Sous les lilas ». M. Perrette est
nommé rapporteur de cet ouvrage ; 2° par M. le docteur
Regnault, d'une brochure, « Le foyer du soldat et du
marin. »

— M. Jaubert donne ensuite lecture du rapport qu'il a
été chargé de rédiger sur deux opuscules de MM. A. Paul
et Mongin : *Le Hameau des Pomets* et *La Vallée de Dardennes*, et cite notamment, extraits de cette dernière pla-

quette, quelques souvenirs historiques se rapportant au Chevalier Paul, devenu une des gloires de la Marine Française. A la suite de cette lecture, et sur une motion de M Jaubert, l'Académie émet le vœu que le nom du Chevalier Paul soit donné à l'une des principales voies publiques de Toulon.

— M. le Secrétaire Général lit le compte rendu des ouvrages reçus pendant le mois écoulé. Il signale tout particulièrement dans le *Bulletin de la Société des Sciences, agriculture et arts de la Basse Alsace*, quelques pages fort intéressantes sur Rouget de l'Isle, et dans les *Mémoires de la Société historique, littéraire et scientifique du Cher*, une étude remarquable du Docteur Leprince, sur l'acuité visuelle dans les Ecoles.

— La parole est donnée à M. le Docteur Hagen, qui lit son rapport sur la candidature de M. Cottrelle. Les conclusions de ce rapport ayant été adoptées, M. Cottrelle est élu.membre titulaire de l'Académie.

— M. Perrette, rapporteur de l'ouvrage en vers de M. Fernand Hauser, *La Maison des Souvenirs*, fait l'éloge de cette nouvelle œuvre de notre concitoyen, et cite quelques délicates poésies extraites de ce volume vraiment remarquable.

— Lecture est donnée par M. Rivière de l'analyse de l'ouvrage offert à l'Académie par M. Roustan : *La Major et le Premier Baptistère de Marseille*. M. Rivière fait ressortir les mérites de cet ouvrage empreint d'une très grande érudition, et qui restera comme un apport sérieux à l'histoire de la vieille cité Phocéenne.

— M. le Docteur Hagen lit son rapport sur l'ouvrage de M. le Docteur Regnault : *La Médecine et la Pharmacie chez les Chinois et les Annamites*, et fait une juste appréciation de ce travail sérieux, des plus documentés, et qui a dû coûter à son auteur de nombreuses et patientes recherches.

— La parole est ensuite donnée à M. le Docteur Mourron, qui lit une fine et sentimentale pièce de vers *La Barque*, et la séance est levée à 6 heures 15.

OUVRAGES REÇUS PENDANT LE MOIS DE FÉVRIER

MINISTÈRE. Compte-rendu des Sociétés savantes [10 *bis*]. — ARRAS. Mémoires de la Commission départementale des monuments historiques du Pas-de-Calais [26 *bis*]. — AVIGNON. Mémoires de l'Académie de Vaucluse [29]. — WASHINGTON. Mémoirs nacional Academy of sciences [141 *bis*]. — PARIS. Mémoires de la Société nationale des Antiquaires de France [11]. — RAMBOUILLET. — Mémoires de la Société archéologique [104]. — STRASBOURG. Bulletin de la Société des sciences, agriculture et arts de la Basse Alsace [136]. — UPSALA. Bulletin of the géological, institution of the University [145]. — ORLEANS. Bulletin de la Société archéologique et historique de l'Orléanais [98]. — VENDÔME. Bulletin de la Société archéologique, scientifique et littéraire du Vendômois [129]. — ANNECY. *Revue Savoisienne* de la Société florimontane [21]. — MINISTÈRE. *Dépôt de l'Etat.* Histoire littéraire de l'Afrique chrétienne [9]. — NANCY. Bulletin de la Société archéologique lorraine et du Musée archéologique lorrain [91]. — AIX. Annales de la Société d'études provençales [17]. — ARRAS. Mémoires de l'Académie des sciences, lettres et arts et Congrès des Sociétés savantes [26].

SÉANCE DU 7 MARS 1906

Présidence de M. le Commandant PAILHÈS

Sont présents :

MM. Bonnaud, Bottin, commandant Colin, Cotrelle, G. Drageon, Fioupou, docteur Hagen, Janet, docteur Mourron, Maggini, lieutenant-colonel Noir, commandant Pailhès, Perrette, docteur Regnault, Nivière, Rouget et commandant Sauvan.

MM. Delmas et Honorat, membres associés assistaient également à la séance.

— Après la lecture du procès-verbal de la dernière réunion, M. le Président souhaite en termes chaleureux la bienvenue à M. Cottrelle, juge de paix, élu membre titulaire.

M. Cottrelle après avoir remercié l'Académie d'avoir bien voulu l'admettre dans son sein, donne lecture de quelques pages fort intéressantes sur la *Solidarité*, et surtout sur la *Solidarité dans l'Etude*, et termine son discours par son admiration pour la Provence et la belle langue qu'on y parle.

— M. le Président donne communication d'une lettre par laquelle M. Victorin Rose, auteur d'une plaquette en vers, *Sous les Lilas*, pose sa candidature comme membre titulaire de l'Académie. Une Commission composée de

MM. Jaubert, Perrette et docteur Regnault, est nommée à l'effet d'examiner cette candidature.

— M. Henri de Brignac, géologue, présenté comme membre associé par M. Bottin, est élu à l'unanimité.

— Hommage est fait à l'Académie par M. le docteur Regnault d'une brochure : *Les Envoûtements d'amour et l'art de se faire aimer.*

— M. Perrette lit le rapport qu'il a été chargé de rédiger sur le petit volume de vers de M. Victorin Rose *Sous les Lilas*, et fait ressortir les mérites de cet ouvrage.

— M. Honorat, membre associé, donne lecture d'un charmant poème en vers : *Mousse-Capitaine*, et, après une communication de M. le Docteur Hagen, qui intéresse vivement l'assemblée par ses *Notes sur un médecin Chinois*, la parole est donnée à M. A. Janet, qui rend compte d'une étude sur le Verdon qu'il vient de parcourir dans une région où cette rivière présente des caractères de beautés des plus pittoresques.

Personne ne demandant plus la parole, la séance est levée à 6 heures.

OUVRAGES REÇUS PENDANT LE MOIS DE MARS

ROCHEFORT. Bulletin de la Société de géographie et d'Agriculture, lettres, sciences, arts [110]. — SAINT-BRIEUC, Bulletin de la Société d'émulation des Côtes-du-Nord [113]. — MONTEVIDÉO. Anales museo nacional [148]. — BEAUVAIS. Mémoires de la Société

Académique d'archéologie, sciences et arts du département de l'Oise [32]. — GAP. Bulletin de la Société d'études [64]. — ANGERS. Mémoires de la Société nationale d'agriculture, sciences, arts [23]. — METZ. Mémoires de l'Académie de Metz [83 *bis*]. SAINT-OMER. Bulletin historique de la Société des Antiquaires de la Morinie [119]. — DIGNE. Bulletin de la Société scientifique et littéraire des Basses-Alpes [56]. — MARSEILLE. Mémoires de l'Académie des sciences, lettres et beaux-arts [81]. — TROYES. Mémoires de la Société Académique d'agriculture, sciences, arts et belles lettres du département de l'Aube [125].— PARIS-MINISTÈRE. Bulletin historique et philologique du COMITÉ des travaux historiques et scientifiques [6]. — CHALONS-SUR-SAÔNE. Bulletin de la Société des sciences naturelles de Saône-et-Loire [50]. — AMIÉNS. Bulletin de la Société des Antiquaires de Picardie [20]. — TOURS. Annales de la Société d'agriculture, sciences, arts et belles lettres du département d'Indre-et-Loire [124]. — DIJON. Bulletin du syndicat général d'initiative de la Bourgogne [58 *bis*].

SÉANCE DU 4 AVRIL 1906

Présidence de M. le Commandant Pailhès.

Sont présents :

MM. Bonnaud, Bourrilly, Chaigneau, G. Drageon, Ferrieu, docteur Hagen, Jaubert, Lejourdan, docteur Mourron, de Martinenq, commandant Pailhès, Perrette, docteur Regnault, membres titulaires, et M. Honorat, membre associé.

Excusé : M. Allègre.

Après la lecture du procès-verbal de la dernière réunion et l'exposé de la situation financière, M. le Président donne communication de la correspondance reçue.

— Hommage est fait à l'Académie : 1° par M. J.-B. Moulet, membre titulaire, d'un volume de vers qu'il vient de faire paraître *Rimes et Maximes* ; M. le Docteur Mourron est chargé de rédiger un rapport sur cet ouvrage ; 2° par M. le Docteur Regnault, d'un exemplaire de la Revue *La Voie*, reproduisant un de ses articles sur *l'Hypnose, l'Hystérie et la Sorcellerie en Chine et en Indo-Chine*, M. le Docteur Hagen est nommé rapporteur de ce travail.

— M. le Docteur Regnault donne ensuite lecture du rapport qu'il a été chargé de rédiger sur la candidature, comme membre titulaire, de M. V. Rose. Les conclusions de ce rapport ayant été adoptées, M. V. Rose est élu membre titulaire de l'Académie.

— Lecture est donnée par M. le Président d'une lettre par laquelle M. Fernand Hauser pose sa candidature comme membre titulaire. Une Commission composée de MM. le commandant Pailhès, Perrette et Jaubert est nommée à l'effet d'examiner les titres de ce candidat.

— M. le Président souhaite ensuite en termes cordiaux la bienvenue à M. Ferrieu, commissaire de la marine, élu membre titulaire.

En quelques paroles fort aimables, M. Ferrieu, répond à M. le Président et déclare s'associer avec empressement aux travaux de l'Académie.

— L'Académie décide ensuite de donner cette année encore une séance publique. Une Commission composée de MM. le commandant Pailhès, Bourrilly, Docteur Hagen, Jaubert, Lejourdan et Perrette est nommée pour l'organisation de cette séance.

— M. le docteur Mourron donne lecture d'une élégie fort touchante : *A l'âme d'une enfant*, et M. Honorat lit à son tour un vibrant poëme en vers : *Seize ans*, d'où se dégagent de belles pensées et de nobles sentiments.

— Sur la proposition de M. Bourrilly, M. V. Honorat, membre associé, est élu, à l'unanimité membre titulaire de l'Académie.

La séance est levée à 6 heures.

OUVRAGES REÇUS PENDANT LE MOIS D'AVRIL

VERSAILLES. Revue de l'histoire de Versailles, quatre brochures de 1905 [130 *ter*]. — MOULINS, Bulletin de la Société d'émulation et des beaux-arts du Bourbonnais [95]. — TOULOUSE. Bulletin de la Société archéologique du Midi de la France [123]. — MARSEILLE. Bulletin de la Société archéologique de Provence [82 *bis*]. — ABBEVILLE. Mémoires de la Société d'émulation [14].— REIMS. Travaux de l'Académie nationale [105]. — AUTUN. Mémoires de la Société Eduenne des lettres, sciences et arts [27]. — LIMOGES. Bulletin de la Société archéologique du Limousin [76]. — BESANÇON. Mémoires et procès-verbaux de l'Académie des sciences, belles lettres et arts [34]. — POITIERS. Bulletin de la Société académique d'agriculture, belles-lettres, sciences et arts [101]. -- ARRAS. Mémoires de l'Académie des sciences, lettres et arts [26]. — PAU. Bulletin de la Société des sciences, lettres et arts [99]. — ANNECY. *Revue Savoisienne* de la Société florimontane 1er trimestre [21]. — MONTANA. Rapport de l'University of Montana [150 *ter*]. — POITIERS. Bulletin de la Société des Antiquaires de l'Ouest [102]. — PERPIGNAN. Bulletin de la Société agricole, scientifique et littéraire des Pyrénées Orientales [100]. — SOISSONS. Bulletin de la Société archéologique, historique et scientifique [121]. — CAMBRAI. Mémoires de la Société d'émulation [44]. — SAINT-Lô. Mémoires de la Société d'agriculture, d'archéologie et d'histoire naturelle [118].

SÉANCE DU 2 MAI 1906

Présidence de M. le Commandant Pailhès.

Sont présents :

MM. Allègre, Bonnaud, Bottin, Bourrilly, Chaigneau, Claude, Commandant Colin, G. Drageon, Fioupou, Docteur Hagen, Jaubert, de Martinenq, Moulet, Docteur Mourron, Commandant Pailhès, Perrette, Rouget, Docteur Regnault et Commandant Sauvan.
Excusé : M. Rivière.

Après la lecture du procès-verbal de la dernière réunion, M. le Président, se faisant l'interprète des membres de l'Académie, adresse des félicitations à MM. Perrette, promu officier de l'Instruction publique, et Honorat nommé officier d'Académie.

— M. le docteur Mourron donne lecture du rapport qu'il avait été chargé de rédiger sur le volume de vers de M. J. B. Moulet, *Rimes et Maximes*, et fait ressortir les mérites de cet ouvrage qui renferme des strophes vibrants.

— M. le Secrétaire Général lit le compte rendu des ouvrages reçus pendant le mois écoulé et signale particulièrement dans le Bulletin de l'Académie d'Arras, un article très intéressant de M. Paul Mancey, sous-préfet, sur le voyage à Dunkerque du Premier Consul en l'an *XI*.

M. le Secrétaire Général émet ensuite les vœux suivants :

1° Que notre Académie, qui, en novembre dernier dans une séance publique, a satisfait un public choisi, soit à l'avenir une Société encore moins fermée ; de nommer, en conséquence, une Commission qui serait chargée de faire appel aux bonnes volontés.

2° Qu'un concours de poésie, d'histoire, de littérature et d'arts, auquel l'élément ouvrier pourrait être admis à participer, soit organisé.

Une Commission composée de MM. le Commandant Pailhès, Bourrilly, Allègre, docteur Hagen et Perrette, a été nommée à l'effet d'examiner les propositions de M. le Secrétaire Général.

— M. Perrette donne ensuite lecture de son rapport sur la candidature de M. Fernand Hauser, homme de lettres. Les conclusions de ce rapport ayant été adoptées, M. Fernand Hauser est élu, à l'unanimité, membre titulaire de l'Académie du Var.

— La parole est donnée à M. le Docteur Hagen, qui lit le rapport qu'il avait été chargé de rédiger sur un travail de M. le Docteur Regnault, paru dans la Revue *La Voie*, et ayant pour titre : *l'Hypnose, l'Hystérie et la Sorcellerie en Chine et en Indo-Chine*. M. le Docteur Hagen analyse sur une grande compétence le travail de M. le Docteur Regnault, qui s'est efforcé de pénétrer la mentalité des populations d'Extrême-Orient, de comprendre leur état d'âme, de sentir leurs pensées intimes, leurs croyances, leurs superstitions, et a fait ressortir les difficultés qu'a dû éprouver M. le Docteur Regnault pour obtenir les données positives sur ce domaine des idées purement morales, purement spéculatives.

L'ordre du jour étant épuisé, la séance est levée à 6 heures.

OUVRAGES REÇUS PENDANT LE MOIS DE MAI

OHIO. Bulletin State University, envoyé par Smith sonian Institution, deux volumes [150 *bis*]. — STOCKHOLM. Antiquarisk tidskrifs for sverige [142]. PARIS. Bulletin de la Société nationale des Antiquaires de France, année 1905 [11]. — NICE. Annales de la Société des lettres, sciences des Alpes-Maritimes [96]. — LE MANS. Revue de la Société historique et archéologique du Maine [72]. — SENS. Bulletin de la Société archéologique [120]. — BOURGES. Mémoires de la Société historique, littéraire, artistique et scientifique du département du Cher [40]. — BERNE. Bulletin de l'Institut géographique international [144]. — PARIS MINISTÈRE. Bulletin archéologique du Comité des travaux historiques et scientifiques [5]. — CONSTANTINE. Mémoires de la Société archéologique du département de Constantine [55].

SÉANCE DU 6 JUIN 1906

Présidence de M. le Commandant Pailhès.

Sont présents :

MM. Bonnaud, Bottin, Bourrilly, Chaigneau, Claude, commandant Colin, Cottrelle, G. Drageon, Ferrieu, Fioupou, docteur Hagen, Jaubert, Maggini, docteur Mourron, lieutenant-colonel Noir, commandant Pailhès, Perrette, Rat, docteur Regnault, V. Rose et commandant Sauvan.

Excusés : MM. Allègre, Rivière et Rouget.

— M. le Président souhaite, en termes cordiaux, la bienvenue de M. V. Rose, élu membre titulaire. En un gracieux sonnet, M. Rose remercie l'Académie de l'honneur qu'elle lui a fait en l'admettant dans son sein, et l'assure de tout son dévouement.

— M. Fioupou présente la candidature de M. Bonnescuelle de Lespinois, avocat. Une Commission composée de MM. le Commandant Pailhès, Fioupou et Jaubert est nommée à l'effet d'examiner les titres de ce candidat.

— Hommage est fait à l'Académie par M. l'abbé Blanc, membre associé, d'un exemplaire du *Glaneur du Var*, recueil et documents historiques anciens et modernes. M. Bonnaud est nommé rapporteur pour l'appréciation de cet ouvrage.

— La parole est donnée à M. Honorat qui lit une pièce de vers : *A mes petits enfants*, toute remplie d'émotion et de sentiments.

— M. le Commandant Pailhès donne lecture de pages fort instructives et très documentées sur la prise d'Alger, dûes à la plume de feu M. le Docteur Fioupou, chirurgien de la marine.

— M. le Colonel Noir fait ensuite une communication des plus intéressantes relative aux ruines de Pomponiana et de la découverte faite dans cette région d'une importante nappe d'eau douce.

— Enfin, M. Maggini clôt la séance par la lecture d'une charmante poësie sur *Brignoles*, où éclate l'amour de la belle nature, et, l'Académie s'ajourne au mois d'octobre prochain.

OUVRAGES REÇUS PENDANT LE MOIS DE JUIN

ROCHECHOUART. Bulletin de la Société des Amis des sciences et des arts [109]. — ROCHEFORT. Bulletin de la Société de géographie, d'agriculture, lettres, sciences et arts [110]. — AIX. Annales des facultés de droit et de lettres, *Bibliothèque de l'Université* [17 *bis*]. — NANTES. Annales de la Société Académique de Nantes et de la Loire-Inférieure [92]. — BEAUNE. Bulletin de la Société d'archéologie, d'histoire et de littérature [31].

OUVRAGES REÇUS PENDANT LES MOIS DE JUILLET
AOUT ET SEPTEMBRE

LA ROCHELLE. Bulletin de la Société des sciences naturelles de
la Charente Inférieure [70]. — LYON. Annales de la Société d'a-
griculture, sciences, industrie [78]. — PARIS MINISTÈRE. Bulletin
de la section des sciences économiques et sociales du COMITÉ des
travaux historiques et scientifiques [8]. — 2ᵈ Bulletin archéologique du même COMITÉ [5]. — RODEZ. Mémoires de la Société des
lettres, sciences et arts de l'Aveyron [107]. — AVIGNON. Mémoires
de l'Académie de Vaucluse [29]. — CHRISTIANIA. Bulletin de Videns
Kablige instituter [142]. — NARBONNE. Bulletin de la Commission
archéologique [94]. — NEVERS. Bulletin de la Société nivernaise
des lettres, sciences et arts [95]. — PARIS MINISTERE. Bulletin
historique et philologique du COMITÉ des travaux historiques et
scientifiques [6]. — PARIS. Revue épigraphique par Almer [157].
— ANGOULEME. Bulletin et Mémoires de la Société archéologique
et historique de la Charente [24]. — PARIS MINISTERE. *Académie*
des Sciences, tomes 139 et 140 [4]. — GIESSEN. Bulletin oberhessische fur natur-u [147]. — CHALONS-SUR-SAÔNE. Mémoires de la
Société d'histoire et d'archéologie [49]. — MACON. Annales de
l'Académie des sciences, arts et belles lettres [83]. — AUXERRE.
Bulletin de la Société des sciences historiques et naturelles [28].
— CHAMBERY. Mémoires de la Société Savoisienne [52]. — PARIS
MINISTERE. Bulletin des sciences économiques et sociales du
COMITÉ des travaux historiques et scientifiques [8].

SÉANCE DU 3 OCTOBRE 1906

Présidence de M. le Commandant PAILHÈS.

Sont présents :
MM. Allègre, Bottin, Cottrelle, G. Drageon, Fioupou, docteur Hagen, Honorat, Jaubert, Maggini, docteur Mourron, commandant Pailhès, Perrette et docteur Regnault.
Excusés : MM. Rivière, Rouget et Bonnaud.

— Après la lecture du procès-verbal de la dernière réunion, M. le Président informe l'Académie qu'il a reçu de M. Rivière, président honoraire, deux vases cloisonnés destinés à servir de prix au prochain concours littéraire ouvert par l'Académie. Au nom de l'Académie, M. le Président adresse des remerciements au généreux donateur.

— Hommage est fait à l'Académie : 1° par M. Honorat, d'un volume de vers *Etapes fleuries*. M. Perrette est nommé rapporteur de cet ouvrage ; 2° par M. le Docteur Regnault, d'un exemplaire de la Revue *La Voie*, reproduisant une de ses études, ayant pour titre : *Les Dragons dans l'Art de l'Extrême-Orient* ; 3° par M. Lacoste, d'une plaquette de vers : *Croquis de Voyage* (Oran-Tunis). M. le Docteur Mourron est nommé rapporteur de cet ouvrage ; 4° par M. Bigeard, instituteur en retraite à Nolay (Côte-d'Or), de deux opuscules : *Sur la flore des champignons les plus vulgaires.*

— La parole est donnée à M. le Secrétaire Général, qui lit le compte rendu des ouvrages reçus. A signaler tout particulièrement dans le *Bulletin de la Société des Antiquaires de la Picardie*, un article fort curieux de M. le Comte de Loisne, sur les superstitions, croyances et usages particuliers à Montreuil-sur-Mer ; dans le *Bulletin de l'Académie de Reims*, une très intéressante étude littéraire sur Pierre Dupont, le chansonnier lyonnais, par M. le Docteur Seuvre ; et, dans le *Bulletin de la Société des sciences naturelles de Saône-et-Loire,* un travail remarquable et des plus documentés sur la lumière, par MM. les Docteurs Bauzon, de Châlon-sur-Marne, et Pfeiffer, de Beaune.

— M. Jaubert donne ensuite connaissance du rapport qu'il avait été chargé de rédiger sur la candidature de M. de Lespinois, avocat. Les conclusions de ce rapport ayant été adoptées, M. de Lespinois est élu membre titulaire de l'Académie du Var.

— M. Bottin présente comme membre titulaire M. J. Gall, professeur d'Allemand à La Seyne. Une Commission composée de MM. le Commandant Pailhès, Perrette et Bottin, est nommée à l'effet d'examiner les titres de ce candidat.

— La parole est donnée à M. V. Honorat qui lit une très délicate pièce de vers *Le Baiser* et M. Coutrelle lit à son tour quelques pages fort intéressantes sur un voyage qu'il vient de faire en Suisse, et donne sur la pittoresque Vallée de l'Engadive des détails précieux.

— Sur une motion de M. Allègre, l'Académie adopte, en principe, d'offrir un prix à l'élève du Lycée qui se sera fait le plus remarquer par ses aptitudes littéraires.

La séance est levée à 6 h. 30.

OUVRAGE REÇU PENDANT LE MOIS D'OCTOBRE

Aix. Annales des Facultés de Droit et de lettres. Tome II [17 *bis*].

SÉANCE DU 7 NOVEMBRE 1906

Présidence de M. le Commandant PAILHÈS.

Sont présents :

MM. Allègre, Bonnaud, Bottin, Bourrilly, commandant Colin, G. Drageon, docteur Hagen, Lejourdan, de Lespinois, Maggini, docteur Mourron, commandant Pailhès, Rat, docteur Regnault et commandant Sauvan.

Sont excusés : MM. Perrette, V. Rose et Rouget.

Le procès-verbal de la dernière réunion est lu et adopté. Puis, M. le Président souhaite la bienvenue à M. B. de Lespinois, avocat, que l'Académie vient d'admettre dans son sein.

— M. le Secrétaire Général lit le compte rendu des ouvrages reçus pendant le mois écoulé et signale dans le *Bulletin des Sciences de l'Yonne*, un article fort documenté sur le Maréchal Davout et les événements de 1815, dû à la plume de M. le Vicomte Davout, et dans le *Bulletin historique et scientifique de l'Auvergne*, une étude très instructive sur le Connétable de Bourbon, par M. J. Bonneton.

— M. le Docteur Mourron donne lecture du rapport qu'il avait été chargé de rédiger sur l'ouvrage en vers : *Croquis de Voyage*, offert à l'Académie par M. Lacoste. Il fait ressortir les mérites de ce recueil de sonnets, œuvre toute de grâce, dont il cite quelques extraits.

— M. le Président, lit en l'absence de M. Perrette, le rapport sur la candidature de M. J. Gall, professeur d'Allemand. Les conclusions de ce rapport ayant été adoptées, M. J. Gall est élu membre titulaire de l'Académie.

— La parole est donnée à M. Bonnàud, qui, à son tour, donne lecture de son rapport sur l'ouvrage de M. l'abbé Blanc, curé de Montmeyan, *Le Glaneur du Var*. M. Bonnaud dit tout l'intérêt que présente ce recueil de documents historiques anciens et modernes, puisés aux archives départementales, communales et paroissiales et dans les minutes notariales, et cite quelques études d'articles.

Sur la proposition de M. Bonnaud, l'Académie décide d'échanger le Recueil de M. l'abbé Blanc, contre le Bulletin annuel de notre Société et de dispenser l'auteur, comme marque d'estime pour son œuvre, du payement de sa cotisation annuelle.

— M. Maggini fait la lecture de fort jolies strophes, *La Mort de Mireille*, et M. le Docteur Hagen donne la traduction de quelques contes japonais à l'usage de la jeunesse, tels que : *Le Mariage de la Souris*, *La Bataille du Singe et du Crabe*, *Le Miroir de Matsouyama*, *Le Mont Katsi*, et qui sont très populaires en Extrême-Orient..

— Enfin, M. Rat, poursuivant ses savantes études de traduction arabe, lit la première partie d'un conte inédit, *Basim-le-Forgeron*, tout rempli d'esprit et d'humour.

La séance est levée à 6 h. 30.

OUVRAGE REÇU PENDANT LE MOIS DE NOVEMBRE

BREST. Bulletin de la Société Académique.

SEANCE DU 5 DÉCEMBRE 1906

Présidence de M. le Commandant Pailhès.

Sont présents :

MM. Allègre, Bonnaud, Bourrilly, Bottin, Chaigneau, commandant Colin, Cottrelle, G. Drageon, Gall, docteur Hagen, Honorat, Jaubert, Lejourdan, Maggini, de Martineng, docteur Mourron, commandant Pailhès, Perrette, Rat, docteur Regnault, V. Rose, commandant Sauvan.

— Après la lecture du procès-verbal de la dernière réunion, M. le Président souhaite la bienvenue de M. J. Gall, professeur d'Allemand, élu membre titulaire. Le nouveau récipiendaire après avoir remercié l'Académie, d'avoir bien voulu l'admettre dans son sein, donne lecture d'une fort délicate pièce de vers, *Le Rêve*.

— M. le Président lit une lettre de M. Henri Plésant, donnant sa démission de membre titulaire de l'Académie. M. le Président est chargé de faire une démarche auprès de M. Plésant, pour qu'il veuille bien rester au moins membre associé de notre Société.

— Communication est ensuite donnée par M. le Président : 1º d'une lettre de M. le Proviseur du Lycée remerciant l'Académie du prix qu'elle se propose d'offrir chaque année à l'élève du Lycée qui se sera le plus distingué par ses aptitudes littéraires ; 2º d'une lettre de M. l'abbé J. Chaperon, curé de la Martre (Var), posant sa candidature comme membre associé, et dont l'admission est prononcée.

— M. Jaubert est nommé rapporteur d'un ouvrage offert à l'Académie par M. l'abbé Chaperon : *Bagarris-Le Bourguet, ses Seigneurs et Co-Seigneurs*, notes sur l'histoire locale.

— La parole est donnée à M. Perrette qui lit le rapport qu'il avait été chargé de rédiger sur le volume de poésies : *Etapes Fleuries*, offert à l'Académie par M. V. Honorat. Après avoir fait ressortir tout le mérite de cet ouvrage, M. Perrette lit quelques pièces de vers qui sont très appréciées.

— M. Allègre donne lecture d'une fort touchante poésie : *Premier chagrin d'un jeune écolier*.

— M. le Docteur Hagen termine son intéressante étude sur les contes Japonais, et conclut par des considérations générales sur les livres et les images à l'usage de la jeunesse japonaise, chez laquelle le peuple s'efforce de développer l'intelligence patriotique et l'esprit militaire.

— Enfin, M. Rat lit la suite de sa savante et amusante traduction du conte arabe inédit : *Basim-le-Forgeron*.

La séance est levée à 6 h. 30.

OUVRAGES REÇUS PENDANT LE MOIS DE DÉCEMBRE

Moscou. Bulletin de la Société impériale des naturalistes [143]. — RAMBOUILLET. Mémoires de la Société archéologique [104]. — AIX. Compte-rendu de la Séance publique de l'Académie d'Aix [16]. — LE HAVRE. Bulletin de la Société Havraise [71]. — MONT-BÉLIARD. Mémoires de la Société d'émulation [85]. — DIJON. Mémoires de l'Académie des sciences, arts et belles-lettres [57].

OUVRAGES REÇUS DANS LE COURANT DE L'ANNÉE
par numéros mensuels ou trimestriels.

TOULON. *La Provence Agricole.* Bulletin de la Société d'agri-culture et de viticulture, d'horticulture et d'acclimatation du Var [152]. — NANCY. Bulletin de la Société archéologique Lorraine et du Musée archéologique Lorrain [91]. — TOULON. Bulletin de la Société des excursionnistes Toulonnais [159]. — POITIERS. Bulle-tin de la Société des Antiquaires de l'Ouest [102]. — STRASBOURG. Bulletin de la Société des sciences, agriculture et arts de la Basse Alsace [136]. — CLERMONT-FERRAND. *Bulletin de l'Auvergne* de l'Académie des Sciences, belles lettres et arts [54]. — METZ. Bulletin de la Société d'histoire naturelle [137]. — PARIS. Revue épigraphique [157]. — PARIS MINISTÈRE. Bulletin du Comité des beaux-arts des départements [10].

DEUXIÈME PARTIE

MÉMOIRES ORIGINAUX

UNE THÉORIE DU BON MOT

Une Théorie du Bon Mot

Nous connaissons deux genres de bons mots, le premier, de nature noble, le mot d'esprit, le second d'essence plus vulgaire, le calembour.

Mais par sa vulgarité même, le calembour dont la matière est pour ainsi dire tangible devient immédiatement saisissable et peut nous permettre d'atteindre jusqu'à l'autre. C'est par là que nous aurons l'excuse de nous occuper de lui tout d'abord.

La critique, autant que je sache, n'a guère abordé jusqu'ici le calembour ou jeu de mots que pour lui décocher des boutades : Il est la fiente de l'esprit, a déclaré Victor-Hugo. Il symptomatise un mauvais caractère, opinait Pascal.

Tout cela ne nous dit que peu ou point ses origines, ses développements, ses effets, et il tient en somme assez de place dans la vie et dans le livre pour mériter une rapide analyse.

Nous ne suivrons pas le calembour à travers l'histoire. Qu'il nous suffise d'affirmer qu'on le trouve partout, dans Moïse [1] et dans Homère, dans Aristophane et dans Cicéron, dans Victor Hugo qui le déconsidère comme dans Pascal qui l'abomine.

Il répond donc vraiment à un besoin de l'homme. Mais quoi ? Besoin inné ou besoin factice ?

N'en décidons pas à l'avance et laissons à la théorie le soin de dégager la vérité.

Pour ne pas raisonner à vide, prenons un calembour consacré par l'usage, un de ceux par exemple qu'inventoria Larousse dans sa vaste encyclopédie et tâchons d'en désarticuler le mécanisme.

Je prends le n° 2 de la série.

A l'époque de la Révolution, Pie VII ayant succédé à Pie VI, une dame d'esprit dit : « La Religion va de pis en pis. (Pie en Pie)

Le mot que fit cette dame d'esprit est intraduisible dans une autre langue, attaché qu'il est à la matière verbale, et tient par essence à une des polysémies de la langue française qui attribue au monosyllabe PI divers sens.

Le premier caractère à retenir du calembour est donc une superposition de deux sens dans les syllabes entendues.

Mais le jeu sur les mots ne serait pas sensible si la double signification de PI signification papale et signification péjorative ne se présentait à la fois à l'esprit. Il faut donc que le sens des milieux ait été éveillé chez l'auditeur, qu'il sache qu'on parle de la religion pour ne par rester court devant le « de Pie en Pie » et qu'on a l'intention de la plaindre pour interpréter le « de pis en pis ».

Le second caractère du calembour est donc d'être préparé en mettant en branle deux ordres d'idée convenables dans la tête du patient.

Au lieu d'être préparé dans le silence du cabinet, il sort parfois tout fait des événements ; on convient qu'il est excusable dans ce cas.

Avec son support matériel et si maniable qui est le mot, le calembour est pour ainsi dire mécaniquement généralisable.

Nous n'avons qu'à rechercher les différents sens du monosyllabe PI pour diversifier la plaisanterie recueillie par le grave Larousse.

Donnons à PI le sens de mammelle :

Ce jeune veau tette mal disait un fermier à un vétérinaire. Il va de tétine en tétine sans se fixer. Ne voyez-vous pas qu'il est malade, répond le praticien, très malade même puisqu'il va de pis en pis.

Avec le sens d'oiseau nous dirions d'un chasseur qui épaule en vain son fusil sur une série de ces méfiants corvidés, que sa chasse va de pie en pie.

Je laisse à mes lecteurs le soin de poursuivre à leur guise, avec la lettre grecque π par exemple. (2)

Après la généralisation en ligne directe, montrons la ligne collatérale.

Les à peu près de PI sont nombreux. Sans dictionnaire, citons de mémoire : pie, pipe, piste, pisse et toute une floraison de calembours va éclore de la même greffe en y appliquant le même procédé.

Ici, qu'on me permette une précaution oratoire.

J'aurais certe, à m'excuser de développer ces futilités si j'en faisais mon but définitif, mais j'espère vous montrer un peu plus tard quelles analogies nous trouverons entre le simple calembour et le mot d'esprit lui-même et je vous demande de me faire crédit jusqu'à ce moment.

Poursuivons donc nos généralisations. Nous en étions au mot Pic.

Après quelques ascensions malheureuses, on demandait de ses nouvelles à un alpiniste : « Ça va de pic en pis, répondit-il.

Un dernier essai avec le mot pisse.

Un jeune enfant était affecté d'incontinences d'urine et rien n'y faisait : il va de pisse en pis disait son père.

Pipe (3) avec un fumeur, piste (4) avec un jockey seraient tout aussi sûrs d'aboutir.

Il n'est même pas indispensable de se confiner dans la langue française pour ces généralisations.

Nous savons ce qu'est une odeur sui generis.

Elle s'applique d'emblée à un ramoneur (suie generis). Approchons maintenant d'une porcherie et l'odeur sera (suis generis) d'une chandellerie et une âcreté suif generis nous prendra à la gorge, d'un corps de garde et le parfum deviendra Suisse generis

Le thème est loin d'être épuisé mais quelque tempérament n'est pas superflu dans l'application de la méthode et un certain goût, est encore de mise, même dans l'art secondaire où excelle Monsieur de Bièvre (5).

Une monographie du calembour aurait à vous en exposer maintenant les variétés qui seront ici résumées en une simple nomenclature.

Sachez donc qu'il s'attaque aux mots entiers comme aux syllabes. Il joint et disjoint, ajoute et supprime, mutile et substitue, dissimule et rappelle et les exemples abonderaient du calembour par jonction [6] et disjonction [7] par adjonction [8] et suppression [9], par mutilation [10] et substitution [11], par dissimulation [12] et remémoration [13].

Est-ce bien tout ?

Ce serait tout sans les nombreux clichés de notre langue où l'idée fait corps avec certains groupes de mots qui prêtent le flanc à ce même genre de plaisanteries.

Après le calembour syllabique, le calembour syntaxique.

Ce qui fait son très grand intérêt, c'est que nous y verrons bientôt poindre le mot d'esprit. Prenons l'exemple n° 4 de Larousse.

Une pièce de cinq francs dans un gilet a protégé un duelliste en arrêtant la balle de l'adversaire, ce que voyant, un des témoins lui dit : « Parbleu, Monsieur, voilà de l'argent bien placé. »

Il y a bien jeu sur les mots dans l'abus de ce cliché, abus intraduisible dans une langue étrangère si loger de l'argent et le faire fructifier n'y sont pas rendus par une expression identique.

Rien de plus aisé encore à diversifier que ce nouveau mode de plaisanterie.

Ne disons-nous pas aussi mettre de l'argent de côté ?

Cette balle ainsi arrêtée contre un des flancs du duelliste aurait donc pu tout aussi bien fait dire à notre témoin : « Parbleu, Monsieur, voilà qui s'appelle savoir mettre de l'argent de côté. »

Le nombre des gallicismes de ce genre est sans limites et celui des calembours possibles ne l'est pas moins.

Pour généraliser après avoir diversifié tenons nous en au mot argent et ouvrons un dictionnaire quelconque ou plutôt un bon, celui de Hotzfeld ; il nous donnera sous ce vocable les gallicismes suivants :

Argent blanc.

Argent comptant [14].

Bon jeu bon argent [15].

Pas d'argent pas de Suisse.

Ne pas connaître la couleur de l'argent (de qq[n]).

En avoir pour son argent [16].

Autant de phrases toutes faites dont le son est familier à nos oreilles.

Retrouvons-les en situation et double sens ; nous aurons des calembours syntaxiques trop aisés à développer pour que nous ne vous les épargnions pas, sauf deux.

A un meunier qui fait fortune, à un laitier qui réussit, à un usinier qui a capté heureusement une cascade, dites à un moment choisi : Mais c'est de l'argent blanc que vous exploitez là et le jeu de mots est fait.

Nous voici arrivés aux confins du jeu de mots et du jeu d'esprit.

Supposez que l'expression d'argent blanc n'existe pas en français, en seriez-vous moins compris ? Loin de là, mais vous n'auriez joué qu'avec deux idées : l'une qui s'offre naturellement, celle d'une industrie assimilée à une mine d'argent, l'autre dissimulée dans la première et se rapportant à la matière exploitée, blanche comme est l'argent. Il n'y a plus jeu de mots, mais jeu d'idées, c'est-à-dire mot d'esprit.

Traduisez en allemand et rien ne sera perdu de votre

commentaire, en ce qu'il a de meilleur. Un second exemple va vous convaincre tiré lui aussi de nos précé·dents gallicismes.

En allemand comme en français dites en parlant d'un aveugle que vous ne voulez pas rembourser : En voilà un qui ne verra jamais la couleur de mon argent. Si dans la langue française vous avez joué sur les mots en abusant d'un cliché connu, vous n'en avez pas moins, dans l'une et l'autre langue, joué avec deux idées l'une qui s'offre naturellement, celle de la couleur invisible pour l'aveugle, l'autre dissimulée sous la première celle d'absence de métal impliquée par l'absence de couleur.

C'est de l'esprit, et du plus banal, mais c'est de l'esprit ; nous allons le montrer en recourant encore au critérium du grave Larousse qui en a fait des collections et nous préciserons en chemin les différences et ressemblances entre le mot d'esprit et le jeu de mots.

Entamons donc la série spirituelle de Larousse. Exemple n° 1.

— Par où pourrait-on gagner votre chambre, disait Henri IV à une demoiselle d'honneur ?

— Par l'Eglise, Sire, répondit finement la jeune personne.

Avons-nous encore ici comme dans le calembour une superposition de sens ?

Oui.

Deux idées cheminent ensemble : l'une s'offre en toute simplicité à l'entendement. La jeune personne tient à ce qu'Henri IV passe par l'Eglise ; sa chambre y ouvrirait-elle, comme une sacristie ?

Mais une seconde idée suit en croupe : le sacrement

du mariage se donne à l'Eglise et c'est un point de passage obligé pour toute chambre de demoiselle qui se respecte.

Ainsi deux impressions nous ébranlent, l'une plus immédiate, plus perceptible, l'autre plus cherchée, plus profonde, comme une melodie doublée de son contrepoint.

Il y a jeu, orchestration, accompagnement d'idées, dirait un musicien. Il y a variété dans l'unité dira un esthète. Des deux idées superposées, la principale, avons nous fait remarquer, est toujours celle qui cherche à se dissimuler dans le mot d'esprit.

Elle en est pourtant une condition sine qua non, mais il la faut assez claire pour être entrevue avec un peu de finesse, assez obscure pour ne pas être imposée.

Elle appartient dès lors à l'auditeur autant qu'à l'auteur libres mutuellement de se la laisser pour compte s'il leur convient ; libres aussi de n'en prendre ou revendiquer qu'une partie. Sagacité chez l'un, malice chez l'autre, et agrément supérieur pour tous deux [17].

Le calambour ignore ces nuances. On le comprend en bloc ou on ne le comprend pas. Hors de très rares cas où il devient spirituel on peut bien le dédaigner mais sans avoir intérêt à ne pas le comprendre. Il n'appelle pas la défiance. Celui qui n'a pas la riposte facile a au contraire souvent intérêt à ne pas comprendre un mot d'esprit.

Mettons ces notions à l'essai sur l'exemple que Larousse donne à la suite du premier :

Un voleur met la main à la gorge de Madame Cornuel dans son carosse : « Vous n'avez que faire là, mon ami, je n'ai ni perles, ni têtons ». Idée première et évidente : hypothèse de vol ou de galanterie.

Idée seconde, inexprimée, prédominante cependant et suggérée au voleur par Madame Cornuel : « Voilà une femme dont le sang froid va jusqu'à prévoir au-delà de mes intentions. Elle doit dire vrai pour être aussi calme. Laissons-là aller.

Cet exemple parait typique, car notre voleur a la satisfaction d'avoir compris au-delà de ce qu'il a entendu, et Madame Cornuel de l'avoir trompé au moment même où elle faisait jouer en lui l'esprit de finesse.

Pour être bien sûrs de nous faisons une dernière expérience avec l'anecdote n° 3 de Larousse.

La princesse de Conti, dans un carosse fait des réflexions sur la laideur de la dauphine qu'elle croit endormie auprès d'elle : « Eh Madame, tout le monde n'est pas enfant de l'amour », riposte soudain la dormeuse.

Idée première et d'apparence faussement flatteuse.

La beauté, qui est le privilège des enfants de l'amour est un avantage pour la princesse de Conti.

Idée seconde qu'il y a convenance à suggérer plutôt qu'à formuler ; mais où tient toute la revanche de la dauphine : Une bâtarde de Louis XIV, avec sa beauté ne vaut pas l'héritière des ducs de Savoie avec sa laideur.

Nous nous trouvons bien toujours, ne vous semble-t-il pas, en présence des mêmes caractéristiques, et des mêmes éléments dans chacun de ces mots. Il y a superposition de sens, comme dans le calembour, mais c'est par les idées, non par les syllabes, et ces idées sont en situation au lieu d'être artificiellement rattachées. Enfin

l'idée principale est dissimulée, mais l'esprit est incité à
la découvrir au lieu que le calembour a besoin d'être
souligné ou d'écorcher les syllabes pour se révéler.

Il n'y en a pas moins parallélisme dans les procédés
et c'est pourquoi nous pourrons diversifier et généraliser le mot d'esprit comme nous avons fait pour le calembour. Revenons à notre anecdote n° 1.

L'ambition au lieu de la concupiscence : « Comment
arriver jusqu'au trône, demandait, fatigué de la lutte,
Henri IV à un ami ? » — En passant par l'Eglise, Sire,
lui répondit l'intime conseiller.

Changeons de lieu, de temps, de personnes ; mais res-
tons dans la concupiscence et conservons l'idée d'un point
de passage obligé. « Un riche séducteur demandait à un
ambitieux trottin où était sa chambrette ? » — Dans un
hôtel que vous meublerez, Monsieur.

Comme pour Henri IV c'est une clef de chambre qui
risque de revenir assez cher.

Un mot d'esprit peut donc s'imiter en se diversifiant.
en se transformant ; on fait son pastiche, on emprunte
sa manière comme d'un Raphaël, comme d'un Corot,
comme de toute œuvre d'art.

Mais n'est-ce pas aller un peu loin que de prononcer
un aussi grand mot à propos du mot d'esprit ? Non,
car chercher pourquoi le mot d'esprit nous agrée, c'est
demander les raisons mêmes de l'esthétique et de l'art.

Le beau a été excellemment ramené par l'analyse mo-
derne, à quelques conditions nécessaires et suffisantes
qui se rencontrent dans un beau mot, dans un mot profond
et que le mot d'esprit réalise à un plus simple degré.

Quelles sont ces conditions ?

Un minimum d'efforts. — Et l'effort est d'autant moindre dans le mot d'esprit que l'idée principale y est véhiculée par la secondaire.

Un maximum d'effets. — Et l'effet y est d'autant plus sensible qu'il est double.

Une soudaineté d'impression. — Et le choc presque simultané des deux idées permet à peine à l'auditeur de disjoindre ses opérations mentales.

Une heureuse compatibilité avec le sentiment de la vie. — Et ce conflit d'idées, ce jeu au plus fin entre l'auteur et l'auditeur, l'un qui fait entendre plus en disant moins, l'autre qui entendant moins comprend plus, est de l'essence même de la vie triomphante.

Dire pourquoi le simple jeu de mots nous agrée, c'est faire valoir les mêmes raisons à un degré moindre :

Deux idées cheminent ensemble, odeur sui generis, odeur suif generis, et c'est déjà un moindre effort.

Elles portent ensemble et c'est un plus grand effet.

Elles restent inséparables et il y a soudaineté d'impression.

Mais le sentiment de la vie est-il vraiment favorisé à l'audition d'un calembour ? Non. Hors le stérile plaisir pour l'un de l'avoir fait, pour l'autre de l'avoir compris, et c'est là sa plus grande faiblesse.

Il ne sort pas des entrailles du sujet. Les idées ne s'y accrochent que syllabiquement, ne s'y lient qu'artificiellement. Il n'attache pas, et n'appelle pas d'autre riposte qu'un autre jeu de mots non moins improductif. Surprenez une conversation entre deux faiseurs de mots, ils ne songent qu'à renchérir l'un sur l'autre, sans échange ni suggestion d'idées.

Le calembour est donc égoïste et factice. On conçoit que notre plus grand moraliste l'ait dénigré et notre plus grand poète abaissé ; mais il n'est pas le néant. C'est un balbutiement d'esprit, une imitation par les sons de ce que nous aimons réaliser par l'idée, et le philosophe doit montrer quelque indulgence envers le calembour qui, sans grande prétention et libéralement procure à l'homme ce genre de satisfaction si habituel à notre faible nature : Se payer de mots [18].

NOTES

(1) Les calembours favoris des anciens portaient sur les noms. La Bible prête aux hommes et aux pays les caractères que leurs noms engagent à y trouver. Homère a célébré l'astuce d'Ulysse quand il se fit appeler : Personne par Polyphème. Cicéron équivoque sur Verrès ; Victor Hugo à l'imitation des anciens a joué de ses contemporains, de Trochu par exemple et de bien d'autres. Pascal, à ma connaissance n'a commis que son calembour syntaxique sur l'expression faire l'ange et faire la bête.

(2) On demande à un mathématicien où il en était de ses approximations décimales sur le rapport de la circonférence au diamètre. Ça va de π en π répondit-il, faisant allusion à l'ampleur de plus en plus affligeante chaque fois de ses résultats nouveaux.

(3) Quittez le brûle gueule ou votre gorge ira de pipe en pis, disait un médecin à un fumeur incorrigible.

(4) Il va de piste en pis pourra-t-on dire d'un jockey après une série d'insuccès.

(5) Buis, cuits, puits. muid, donnent des sons qui s'éloignent déjà trop de l'original.

(6) Quel fat   alité. (Larousse).
     Que de Cap à citer. (Larousse).
     R mis en trop attribué à Gambetta, devenu ainsi Grand
       bêta. (Larousse).

(7) Lady Vorcey. (Larousse).
     Perdre l'ha   leine. (Larousse).

(8) Foli (co) chonneries. (Willy) à propos de certains ébats.

(9) Dire des habitants de Liège qu'ils goûtent li   égeois du foyer.

(10) Article de négrologie pour la mort d'un roi nègre.

(11) Sur le type « condamné en rupture de ban », dériver cuisinière en rupture de fourneaux, épicier en rupture de bocal, fonctionnaire en rupture de rond de cuir (thème inépuisable des petites chroniques).

(12) Je suis bourrelé (de remords).
    Je suis le vôtre (votre serviteur).
    Je vous la serre (la main).

La Barbe)
La Ferme } Nouveautés encore à la mode.
Le Geant)

(13) Dire d'un boulanger qu'il est dans le pétrin ou que ses affaires vont croissant, qu'il est une bonne pâte, qu'il fait la navette, qu'il a reçu un pain, etc,, etc.

(14) Dire qu'on a réglé son compte argent comptant à un usurier assassiné au moment où il faisait sa caisse.

(15) Dire il joue bon jeu bon d'argent d'un joueur qui fait des dettes, ou bon jeu mon argent d'un joueur qui m'en a emprunté.

(16) Dire (en symétrie absolue avec l'exemple précédent : il en a pour son d'argent, d'un avare qui compte ses écus, ou il en a pour mon argent d'un prodigue qui s'amuse après m'avoir emprunté. Ces transformations rappellent la parodie d'un vers connu de Musset :

« Mon verre n'est pas grand, mais je bois dans ton verre. »

(17) Il est certains mots d'esprit que le destinataire est appelé à ne pas comprendre. L'auditoire le remplace à moins que nous ne soyons à nous-même notre seul auditoire, et c'est là un hautain plaisir, mais non pas solitaire, le mystifié étant là pour y jouer son rôle sacrifié.

(18) Malgré le cadre restreint que nous nous sommes imposé pour le développement de notre sujet, nous croirions être trop incomplet si nous ne mettions en évidence la généralité du critérium esthétique qui nous a permis de créer un lien entre le mot d'esprit et le calembour.

Nous avons à justifier un rapprochement que nous avons osé entre les espèces secondaires et les mots de plus haute envergure, le mot profond et le beau mot même quand il s'élève jusqu'au sublime.

De tous les beaux mots, le plus classique est le « qu'il mourût » de Corneille. Le vieil Horace apprend que son fils a fui en présence de trois adversaires et on demande à ce père ce qu'il aurait voulu que fît le dernier survivant de son nom devant la force du nombre. Pas une hésitation de sa part, pas un mot de trop non plus pour rendre son indignation. Minimum d'effort: Qu'il mourût.

Nous doutions, nous ; nous attendions une atténuation de la faute, un cri du sang. Non. Rien du père ; tout du Romain : Maximum d'effet.

Mais tout vibrant sous le choc d'une grande idée, nous nous ressaisissons et devenons Romains avec lui : Soudaineté de compréhension.

Qu'importe le sacrifice d'une existence et le déchirement d'un cœur paternel quand il s'agit du salut de tous : compatibilité avec le sentiment de la vie, mais d'une vie supérieure, de la vie sociale en antagonisme avec la vie individuelle.

Que de sentiments remués dans un mot! Le Qu'il mourût de Corneille est plus qu'un beau mot, c'est un mot sublime parce que toutes les caractéristiques du beau mot y sont à l'extrême.

Les mathématiciens ont inventé un minimum minimorum et un maximum maximorum. Seules de telles unités sont à la mesure du sublime de Corneille.

Mais le mot sublime n'est pas un mot d'esprit. Aussi n'y trouvons-nous ni cette superposition ni cette dissimulation d'idées inhérentes au genre ; et si nous allons maintenant les rencontrer dans le mot profond, c'est qu'il est, lui, un mot d'esprit, quoique dans le genre grave. On peut fort bien être sublime ou plus simplement beau ; on ne saurait être profond sans avoir d'esprit.

Le mot profond que j'analyserai est le vers célèbre qui est le présage de mort des enfants d'Edouard.

Quand ils ont tant d'esprit, les enfants vivent peu. Ici, comme dans un mot simplement spirituel deux idées vont de pair, mais deux idées graves : Une précocité anormale est une menace pour une frêle constitution d'enfant.

Aphoristiquement énoncée, cette première idée ne serait que banale, mais dans la bouche d'un traître et s'appliquant à deux jeunes princes qui nous sont sympathiques. Elle perd son insignifiante, sa généralité. Notez-le bien, Delavigne ne dit pas :

> Quand ils ont trop d'esprit

ce qui s'appliquerait à bien d'autres, mais :

> Quand ils ont tant d'esprit

Ce qui ne s'applique plus qu'à ceux que nous venons d'entendre et qui nous attachent. Sous cette première idée s'en glisse une autre qui vient nous mordre au cœur :

Leur enfance a seule préservé jusqu'à ce jour les enfants d'Edouard. Conscients de leur intelligence, de leur rang et de leur cause, ils deviennent redoutables ; ils sont perdus.

Au choc soudain de cette seconde idée, une sympathie douloureuse nous étreint et nous souffrons, mais d'une souffrance saine qui élargit notre amour pour deux victimes et fait plus intense notre haine pour le persécuteur. Je n'ai coupé ce développement d'aucune formule, mais n'avez-vous pas reconnu au passage nos caractéristiques ordinaires, ces deux idées qui vont de pair avec minimum d'effort, la seconde plus dissimulée mais si profondément grave et cruelle et qui nous amène à cette conclusion d'un maximum d'effet : ils sont perdus.

Comment s'empêcher d'être pris par cette idée qui se glisse en nous comme le serpent, (soudaineté de compréhension).

Et après qu'on en a été mordu, comment ne pas s'exalter contre le tyran en faveur de ses victimes (compatibilité avec le sentiment de la vie).

Ainsi du mot sublime au calembour en passant par le beau mot, le mot profond et le mot d'esprit, tout obéit aux mêmes lois, tant la formule qui les résume a su allier leurs particularités et leur généralité.

Si ailleurs que dans le mot, s dans le geste, dans la situation, si dans les choses du monde et dans les œuvres de l'homme surtout dans l'œuvre d'art nous allions à la poursuite du beau, le même guide nous resterait fidèle, mais il est bon de couper de longues haltes les grandes excursions sur les hauts sommets et nous remettons à plus tard l'exposé de nos recherches dans ces nouvelles voies.

Commandant BÉJOT.

GERBE DE RIMES

Le Passant au Poëte

Poëte, à cette heure tardive,
Heure où le flot silencieux
S'endort doucement sur la rive,
Et l'étoile s'éveille aux cieux,
Couché dans le sable des grèves,
Que cherches-tu là-haut ?

        — Des rêves.

Poëte, le long des chemins
Bordés de ronce et d'aubèpines,
Pourquoi donc exposer tes mains
A la morsure des épines ?
Dans le creux touffu des buissons,
Que cherches-tu bien ?

        — Des chansons.

Poëte, qui peux dans les âmes
Jeter des regards indiscrets,
Voir les mystérieuses flammes,
Découvrir les tendres secrets,
Dis-nous donc pourquoi tu t'alarmes.
Au fond qu'as-tu trouvé ?

        — Des larmes.

La Barque

I

Sous le rire niais de la lune, le fleuve
Coule, majestueux, dans la sereine nuit ;
Une biche attardée à son onde s'abreuve,
Puis flaire l'air, s'ébroue, et, peureuse, s'enfuit.

Alors j'ai détaché ma barque de la rive,
Et nous sommes partis, elle et moi, sur les eaux,
Tandis qu'autour de nous, innombrables flambeaux,
Les étoiles semblaient flotter à la dérive.

II

En une course inverse et très lente, les bords
Défilaient, tour à tour rochers, sables, prairies.
Les villages passaient, noirs, immobiles, morts, —
Toutes sources de vie en leur sommeil taries.

Une ville !.... Le fleuve avait des tourbillons
Qui, sous les ponts, chantaient contre le pied des arches.
Aux escaliers des quais s'étageaient des haillons,
Loques de gueux, en tas, endormis sur les marches.

Puis, de nouveau, des champs la morne immensité
Sur quoi, de loin en loin, une lumière veille ;
Et des monts de granit dressaient leur nudité,
Silhouette toujours debout, toujours pareille.

III

Ma barque allait, sans gouvernail, — et sans raison.
Tout à coup un hibou jeta des cris funèbres,
Quand la lune eut fini de rire à l'horizon,
Et, lasse, se coucha dans un lit de ténèbres.

Ma barque allait encor lorsque le jour a lui.
A travers le silence alourdi d'une plaine,
Elle allait. Elle va. Je ne sais où. — L'ennui
Déborde de mon cœur comme d'une urne pleine.

IV

Pauvre barque, va-t'en vers l'obscur lendemain
Ballottée, obéis, sans voiles et sans rames,
Au caprice du flot maître de ton chemin,
Ainsi qu'au gré du rêve obéissent les âmes.

Nul astre maintenant ne brille au ciel trop nu.
Ta coque a le vertige, ò ma barque, et tournoie
Au fil de l'eau. Va-t'en vers le port inconnu,
Ou le gouffre – voisin peut-être — où l'on se noie.

El-Djezaïr

Paysage d'Aurore — Paysage de Nuit

I

— Alger s'éveille —

Alger, au flanc de sa colline,
Frissonne sous un ciel serein,
Et les doigts légers du matin
La vêtent d'un manteau d'hermine.

Le flot bleu qui vient à ses pieds
Mourir en un bruit de caresse,
Y semble rejeter sans cesse
Les perles de mille colliers.

Alger la blanche, Alger la reine,
Eveille toi : voici le jour.
Tout, en ce magique séjour,
Se pare pour sa souveraine.

Tes frais vallons et tes coteaux
Tendent leurs tapis de verdure,
Et dans tes bois, sous la ramure,
Chante l'eau claire des ruisseaux.

Respire l'haleine embaumée
Des fleurs d'un printemps éternel,
Qui, dans l'azur pâle du ciel,
S'élève ainsi qu'une fumée.

Moi, de mon esquif se mouvant
Au gré de la vague berceuse,
Je te regarde, paresseuse,
T'éveiller au soleil levant.

II

— Alger s'endort —

C'est l'heure calme où le jour sombre.
Dans le ciel pur, vite effacés,
De mauves reflets sont passés ;
Alger, soudain, se voile d'ombre.

Et voici que la nuit étend
Son manteau sur la cité nue,
Tandis que, des astres venue,
Une lueur pâle s'épand.

Alger n'est plus blanche, elle est brune,
Jusqu'à ce que, de son œil rond,
Montant de l'abîme profond,
De nouveau l'éclaire la lune.

Tout est silence : on n'entend plus
Que le souffle du vent qui veille,
Et sur le bord, toujours pareille,
La voix éternelle du flux.

Dors, Alger la cité perverse,
Dans l'enivrant parfum des fleurs.
Cesse tes rires et tes pleurs,
Et qu'un rêve amoureux te berce.

Moi, de mon esquif qui s'enfuit
Au gré de la vague frôleuse,
Je te regarde, ensorceleuse,
T'endormir au sein de la nuit.

A L'AME D'UNE ENFANT

(ÉLÉGIE)

Petite sœur que je n'ai pas connue,
Et qui dors, poussière menue,
Sous les cyprès,
Est-ce le vol caressant de ton ombre
Que je sens, dans le jour qui sombre,
Passer tout près ?

Est-ce ta voix, aux murmures pareille,
Qui parfois frappe mon oreille,
Quand je suis seul ?
Est-ce ton spectre, échappé de sa tombe,
Qui s'en va dans la nuit qui tombe,
Sous son linceul ?

Les lourds cheveux épars sur ces épaules
Qui semblent planer sous les saules,
Autour de moi,
Sont-ce les tiens ? La petite main blanche
Qui voltige de branche en branche,
Est elle à toi ?

Mais si cette âme est ton âme chérie,
Si, fuyant ta tombe fleurie,
Tu viens, le soir,
Seule, rôder et glisser sur ma route,
Sœur aimée, ôte-moi d'un doute :
Je veux savoir.

Si, se dressant de sa funèbre couche,
     Le fantôme blanc qui me touche,
          Sans me troubler,
Est ton fantôme, ah ! pourquoi, ma mignonne,
     Pourquoi, quand je te questionne,
          Ne pas parler ?

Je n'ai pas peur : ta petite ombre claire
     Peut quitter son lit funéraire,
          Et, chaque nuit,
Auprès de moi qui t'aurais tant aimée,
     Plus légère qu'une fumée,
          Venir sans bruit.

Dis-moi ton nom, charmante petite âme
     Qui palpites comme une flamme
          Devant mes yeux.
Es-tu ma sœur ? Afin que je le sache,
     Soulève le lin qui te cache,
          Si tu le peux.

Je ne t'ai pas connue, et pour moi l'heure
     N'était pas sonnée où l'on pleure
          Devant la mort,
Lorsque tu pris ton vol — ange peut-être, —
     Mais je saurai te reconnaître
          Sans nul effort.

Si tu le veux, chaque fois, ombre chère,
     Je redeviendrai pour te plaire
          Petit enfant.
J'aurai des jeux au gré de tes caprices,
     De peur que tu t'évanouisses
          Au jour naissant.

Mais est-ce toi qui viens, dans la nuit brune,
Promener au clair de la lune
Ton spectre en pleurs ?
Petite sœur inconnue, adorée,
Est-ce toi cette ombre égarée
Parmi les fleurs ?

Le Légionnaire Mourant

Il est là tout seul, couché sur le sable,
Et le sable d'or s'abreuve de sang ;
La vie en un fil coule de son flanc,
Au triste désert source lamentable.

La fièvre le brûle et la soif l'accable.
Soudain dans la plaine aride un étang
Miroite. Il s'y traîne..... et le reflet blanc,
Mirage trompeur, fuit, insaisissable !

Alors il retombe. Un flot de sang noir
Jaillit de sa bouche, et le vent du soir
Recueille en passant son râle suprême.

Mais devant ses yeux quelque chose a lui....?
C'est l'œil du vautour qui, dans le ciel blême,
Attend qu'il soit mort pour fondre sur lui !

Le Baiser de Jésus

Or, ce jour-là, Jésus marchait sur la montagne,
Et son regard planait au loin, vers la campagne
Où les oliviers gris frissonnaient dans le vent.
C'était le soir. Là-bas, comme un globe mouvant
Le soleil s'effondrait tout au bord de la plaine,
Et l'on sentait venir déjà la nuit prochaine.
Et Jésus était seul. Il marchait et priait.
Parfois, dans un soupir profond, sa voix criait :
« Si dure qu'elle soit pour votre fils, mon Père,
» Que votre volonté se fasse sur la terre..... »
Puis il s'assit dans l'herbe. Et la nuit descendit.
Tout-à-coup, douloureuse et longue, s'épandit
La plainte d'un sanglot: quelqu'un pleurait dans l'ombre.
Et Jésus regarda. Sous le feuillage sombre
Une femme voilée avançait lentement.
Sa robe palpitait à chaque mouvement
De son corps ; on eût dit quelque pâle fantôme
Surgi de la montagne. Alors le fils de l'Homme
Se leva doucement. Puis, étendant la main :
« Femme, dit-il, pourquoi viens-tu sur mon chemin ? »
— « Pardonnez, répondit une voix de souffrance,
» Et ne me chassez pas loin de votre présence.
» J'ai marché, pour vous suivre, ô mon Maître, sans bruit
» Depuis l'aube naissante à la tombante nuit,
» Meurtrissant mes pieds nus aux pierres de la route.
» Ayez pitié ! Ne me repoussez pas.... Ecoute.
» Voilà de bien longs jours que je pleure tout bas,
» Que je vais, sous mon voile, attachée à tes pas,

» Partout, le cœur ouvert à ta douce parole,
» Courbant sous ton regard divin ma tête folle.
» Car c'est fou, je le sais, de te suivre en tout lieu,
» Et c'est un grand péché d'aimer le Fils de Dieu.
» Mais moi je souffre trop. Mon cœur gonflé se brise,
» Ma pauvre tête en feu, que ta parole grise,
» S'égare ; et je ne sais où je vais, ni comment
» Il se fait qu'à genoux je tombe en ce moment.
» Non, je ne sais plus bien si je vis, si je rêve,
» Ni quand le jour commence ou quand le jour s'achève,
» S'il est encore au ciel des astres, par milliers,
» Et si toujours la terre existe sous mes pieds.
» Non, je ne connais plus ce qui n'est pas toi-même.
» Parle, parle. Pitié ! Je n'en puis plus. Je t'aime ! »
Alors Jésus touché prit sa plus douce voix :
« Pauvre femme, dit-il, relève-toi. Les bois,
» Qui seuls ont entendu l'aveu que je condamne,
» Garderont le secret de ton amour profane.
» Je ne suis pas venu pour que l'on m'aime ainsi.
» C'est par le cœur, tous deux, que nous souffrons ici ;
» Mais l'amour qui t'amène et celui que j'apporte
» Ne se ressemblent pas, tu le sais bien. Qu'importe !
» Mon Père, en sa bonté, ne veut pas l'abandon
» Du pécheur repentant : implore son pardon.
» Ne pleure plus, ô femme, et relève ce voile
» Où se cachent tes yeux. Regarde. Chaque étoile
» Flottante dans la nuit est l'âme d'un élu
» Qui plane au ciel. Ainsi mon Père l'a voulu.
» Plonge au loin tes regards, observe cette place :
» Elle t'attend, ce soir. Oui, la brise qui passe
» Va prendre sur son aile au vol mystérieux
» Ton âme, et l'emporter au sein profond des cieux.

» Au bonheur éternel je te vois destinée.
» Penche humblement ton front vers moi. Sois pardonnée,
» Toi dont le cœur sentit fermenter le levain
» D'une passion vaine ; et qu'au baiser divin
» De mes lèvres tombé s'apaise cette flamme. »
Il dit. Et s'inclinant vers le front de la femme
Dont le sein soulevé comprimait les sanglots,
Il mit un long baiser sur ses yeux demi-clos....
Alors sous ce baiser jaillit une étincelle —
Et dans le ciel naquit une étoile nouvelle.

Plaisir Champêtre

Je sais, dans un val joli,
Un vieux banc de bois poli,
Près d'un mur tout démoli.

Un délicieux ombrage
Tombe sur lui du bocage
Qu'un peuple d'oiseaux saccage.

A ses pieds l'herbe fleurit,
Et le banc de bois sourit
Aux fleurs que l'aurore ouvrit.

Un enlacement de lierre
Né contre le mur de pierre,
Inextricable, l'enserre.

Et sous ce feuillage vert,
Comme d'un tapis couvert,
Il est là, toujours offert.

Sur lui, maintenant, personne
Ne s'assied ; on l'abandonne,
Et cet oubli me chiffonne.

Car le banc inemployé,
Dans l'ombre épaisse noyé,
Par le temps déjà ployé,

Va bientôt, j'en ai la crainte,
Crier sa dernière plainte,
Et ne laisser qu'une empreinte.

Si vous connaissiez ce coin,
Pour lequel pas n'est besoin
Que l'on s'en aille bien loin,

Vous désireriez peut-être,
Pour faire un rêve champêtre,
Y suivre quelque doux maître.

Allons-y nous asseoir, vous
Sur le banc — le lierre est doux —
Moi, dans l'herbe, à vos genoux.

Si vous voulez, je m'engage,
Près de vous à rester sage
Comme un saint sur une image.

Dans ce site inexploré,
S'il le faut je me tairai,
Et je vous regarderai.

Vous, vous jouirez, pâmée,
De l'haleine parfumée
Qui flotte sous la ramée,

Vous sourirez aux chansons
Des linots et des pinsons
Cachés au creux des buissons.

Sur les gazons enlacées,
Les lianes convulsées
Sous vos pieds crîront, froissées ;

Et vous cueillerez les fleurs
Qui, sous la rosée en pleurs,
Sèment leurs mille couleurs.

Moi, de votre chevelure
Je verrai, sous la ramure,
Briller l'or dans la verdure.

J'admirerai votre front,
Eclairant de rose un fond
D'ombres au recul profond.

Je contemplerai, si blanche,
Votre main cueillant la branche
Qui sur vos lèvres se penche.

Je regarderai vos yeux
Refléter l'azur des cieux,
Et, longtemps silencieux,

Ecoutant monter les sèves,
Nous ferons de jolis rêves,
Vous, de fleurs, moi, d'amours brèves.

Les Chameliers

Les dattiers balançaient dans l'air leurs longues palmes,
Et, dans l'immensité des solitudes calmes,
On eût dit de grands bras qui, loin, gesticulaient.
Les sables infinis et plats s'amoncelaient
Au bord d'un horizon bleuissant et limpide.
L'éther vibrait au ras de la surface aride,
Comme sur un brasier. Et c'était le désert.
L'oasis mettait seule un pâle reflet vert
Sur cet ambre sans fin. La plaine tourmentée,
Fixe comme une mer immense et démontée
Qui se fut tout à coup, en un bloc éternel,
Figée en plein travail, haletait sous le ciel.....
Et la brise du soir entrechoquait les palmes
Des dattiers, habitants des solitudes calmes.

Dans le déclin du jour les quatre chameliers,
Penchés sur leurs bâtons, marchent vers les palmiers.
Au long des crêtes d'or leur blanche silhouette
Se dresse, et sur le ciel, en traits nets, se projette.
Fils du désert, ils vont et ne s'émeuvent pas
Du tableau merveilleux déroulé sous leurs pas.
Derrière chacun d'eux un chameau se balance,
Et leur marche au sol mou ne rompt pas le silence
Qui tombe lourdement sur cette immensité.
Combien de fois déjà, dans la même clarté,
De leurs pieds vagabonds ont-ils foulé le sable !
Le désert les connaît ; l'oasis misérable

Les attend, et prépare un peu d'ombre pour eux.
Mais le soleil se meurt au bord lointain des cieux,
Et ses pâles rayons à s'éteindre s'apprêtent.
Alors les chameliers, côte à côte, s'arrêtent,
Et tous quatre â la fois tournés vers l'Orient,
Dans un geste pareil se courbent en priant....
L'aile brune du soir emporte leur prière.
Puis, l'ombre tout à-coup remplaçant la lumière,
Lentement, vers l'abri connu, les chameliers,
Suivis des chameaux lourds, entrent sous les palmiers.

Et demain reverra leur course vagabonde.
Maigres errants, perdus sur l'immensité blonde,
Et de dattes chargés, les grands chameaux, demain,
Reprendront du désert l'immuable chemin.

Dans la pauvre oasis, sans burnous et sans voiles,
Les quatre chameliers dorment sous les étoiles.

Edmond MOURRON.

REGRETS

A mon Cousin Martial BR.

L'aiguille d'or n'a pas sur ton cadran de rose
    Marqué le midi de tes jours.
Et la cloche nous dit que ta paupière close,
    Ici-bas le sera toujours.

Pourquoi donc délaisser, au matin, une vie
    Pleine de bonheur et d'espoir ?
Un soleil radieux couvre ta tête, amie,
    Oh ! remets le départ au soir.

La vie est un présent que l'avenir dévore,
    Le terme en est sitôt venu !
Demeure en la maison que ta splendeur décore,
    Pourquoi courir vers l'inconnu ?

L'isolement, amer à toute heure, Isabelle,
    Aigrit les esprits et le cœur.
Sois clémente et reviens avec l'époux fidèle
    Gravir le sentier du bonheur.

Mais, de sa faux, la mort a, sans miséricorde,
    Coupé du verdoyant rameau
La fleur épanouie et fait tomber la morte,
    Avec son fruit, dans le tombeau.

La cruelle inhumaine a couvert de décombres,
    A plaisir, cet heureux séjour.
Depuis, le long des murs, on ne voit que des ombres
    Se suivre et se fuir tour à tour.

Et dans ce désert, pleure un nouveau Jérémie
    Sur les ruines de sa maison.
Sous les sanglots, en vain, son âme endolorie
    Appelle à l'aide la raison.

Sur l'immense océan de deuil et de tristesse,
    L'homme est un vaisseau dématé,
Si la foi dans le cœur ne secourt sa faiblesse,
    Quand l'ouragan s'est déchaîné.

J. GALL.

LA PRISE D'ALGER

La Prise d'Alger

La relation inédite suivante est due à la plume de M. Fioupou, chirurgien de marine, qui était embarqué sur la Provence, *navire-amiral. Son fils, commissaire de marine en retraite membre titulaire de l'Académie du Var, a bien voulu nous autoriser à publier l'intéressant manuscrit paternel. Nous l'en remercions bien vivement.*

Le 25 mai 1830, à 6 heures de l'après-midi, le vaisseau la *Provence*, commandé par M. Villaret de Joyeuse, a quitté la rade de Toulon, ayant à bord l'amiral Duperré, commandant en chef la flotte, S. Ex. le ministre de la Guerre, M. de Bourmont, les généraux en chef du Génie et de l'Artillerie, le général chef d'Etat-Major, l'intendant général de l'armée et trois cents hommes de troupe d'élite. L'armée navale, qui, au point du rendez-vous, devait être d'environ 600 voiles, ne se composait, au moment du départ, que de 75 bâtiments de guerre, dont 11 vaisseaux, 13 grandes frégates ou vaisseaux rasés, 7 frégates de 44, plusieurs corvettes, un grand nombre de bricks, 8 bombardes, 3 bateaux à vapeur et 55 bâtiments du commerce chargés de troupes. Le vent était à l'O.-N.-O , joli frais, et la mer fort belle. Au coucher du soleil on signale à l'armée de former les lignes de bataille, et on fait route pour Alger. Quoique les vents contraires nous eussent retenus assez longtemps sur rade et que l'embarquement de la plus grande partie des troupes eut été fait avec la pluie, cependant nous n'avions à l'hôpital, au moment où nous avons mis sous voile, que quatre militaires atteints de fièvre intermittente quotidienne, deux gastrites, trois bronchites avec fièvre, une diarrhée, plusieurs vénériens et cinq galeux, dont deux soldats.

Les journées du 26 et du 27 sont belles ; le vent est faible et variable, la mer presque calme ; l'escadre marche dans le plus grand ordre, ayant toujours le convoi en vue, parfaitement réuni et à petite distance sous le vent. La meilleure intelligence règne entre les marins et les soldats, la satisfaction et le contentement sont peints sur toutes les figures.

Le 28, après midi, on découvre l'île Minorque à quelques lieues dans le Nord. Le 29, le vent étant devenu favorable, on fait route sur Alger, après avoir expédié un bateau à vapeur à Palma avec l'ordre de faire appareiller aussitôt la flottille qui attendait l'armée à ce mouillage.

Le 30, à midi, on a aperçu la terre d'Afrique et nous avons pris immédiatement le large, la brise étant trop fraîche pour approcher de la côte. Le bateau à vapeur le *Sphinx* ayant annoncé, le soir, à l'amiral que la flottille devait être rendue près de la côte, nous avons fait voile pour la rallier.

Le 31, le vent soufflant avec violence de la même partie, on a fait le signal à l'armée de faire route pour l'île Majorque afin de mettre le convoi à l'abri. Pendant ce petit nombre de jours de navigation, nous n'avons eu d'autres malades qui aient fixé notre attention que les nommés Garder, matelot, qui a été atteint d'une gastrite assez intense, et Carle, matelot voilier, atteint d'une d'hémoptysie considérable.

Le 1ᵉʳ juin, dans l'après-midi, nous apercevons les relèvements de Palma et nous nous rapprochons de cette baie le plus possible pour nous mettre à l'abri de la mer. La division dite de réserve reçoit l'ordre de relâcher à Palma, où se trouvaient déjà un très grand nombre de nos bâtiments de transport et quelques bateaux seule-ment.

Depuis le 2 jusqu'au 10 nous avons louvoyé dans le golfe avec très beau temps, à une très petite distance de la ville, pour attendre le restant des bâtiments du convoi et la presque totalité des bateaux-bœufs. Le 10 au matin, toute la flotte étant à peu près ralliée, on a signalé à la réserve, à la flottille et au convoi chargé de troupes de mettre sous voile, et nous nous sommes dirigés vers la côte d'Afrique dans le plus grand ordre.

Le lendemain, 11, le vent est à l'Est bon frais, la mer est grosse et il pleut presque tout le jour ; les bateaux souffrent beaucoup.

Le 12, à 4 heures du matin, nous sommes en vue d'Alger ; on fait branle-bas de combat; mais, comme le vent devient aussitôt bon frais et que la mer se fait très grosse, toute l'armée reprend la bordée du large. La vigie ne compte plus, en vue, qu'environ 60 bateaux-bœufs. Dans la nuit, le vent devenant un peu moins fort, on vire de bord à terre et, à 5 heures du matin, nous nous trouvons en vue d'Alger, faisant route vers l'Ouest. Sur les 8 heures, toute l'armée défila devant cette ville et, à midi, 13, le vaisseau la *Provence* mouille dans le fond de la baie de Torre-Chica, à petite distance de la batte-

rie et de la tour de ce nom, sans qu'on lui oppose la
moindre résistance. Du reste, nous avions été précédés
au mouillage par le vaisseau le *Breslaw*, la frégate la
Didon et plusieurs petits bâtiments qui avaient été en-
voyés en avant pour s'assurer des sondes. Dans quelques
instants, la rade est couverte de navires. La tour et la
batterie de Torre-Chica paraissent être abandonnées, la
côte est déserte sur tous les points ; cependant on découvre trois tentes au milieu de hautes broussailles et à très
petite distance du rivage. Pour s'assurer si elles étaient
gardées, ce dont on ne doutait pas, l'amiral ordonne au
bateau à vapeur le *Nageur* de s'en approcher le plus
possible et de tirer dessus quelques coups de canon. Le
second coup ayant porté sur celle qui battait pavillon
rouge, on a vu plusieurs hommes en sortir pour se porter plus loin. Le bateau ayant cessé son feu, on les a vus
revenir aussitôt pour se porter à deux pièces de canon
qui étaient établies sur ce point, et faire feu immédiatement. Ces deux coups ne nous ont. fait aucun mal, mais
les boulets sont arrivés jusque très près des vaisseaux le
Breslaw et la *Provence*. Plus tard et à de grands intervalles, ils ont lancé, à peu près du même point, six bom-
bes qui sont toutes tombées au voisinage des vaisseaux
les plus rapprochés, et dont les éclats de l'une d'elles a
blessé grièvement un marin à bord du *Breslaw*. La
journée se passe dans la plus grande sécurité et sans autre inquiétude de la part de l'ennemi. A la nuit, toute la
flotte était à peu près rendue au mouillage. Le débarquement des troupes n'ayant pu être effectué immédiatement, la nuit étant survenue, des ordres ont été donnés
pour que tout fut disposé de manière à ce que le premier
débarquement put avoir lieu dès 4 heures du matin.

Le 14, à l'heure prescrite, dix mille hommes ont été mis à terre sans opposition aucune, et presque aussitôt le pavillon français a flotté sur la tour et sur les batteries voisines. L'opération du débarquement a été continuée avec la plus grande activité ; bientôt l'ennemi s'est ravisé et a fait feu avec ses pièces de position sur nos masses d'hommes, tant sur terre que dans les chalands. Notre artillerie n'a pas tardé de riposter ; plusieurs compagnies de voltigeurs reçoivent l'ordre de s'avancer en tirailleurs, et une vive fusillade s'engage contre douze cents Bédouins environ, qui probablement étaient arrivés pendant la nuit et qui s'étaient embusqués derrière les hautes et épaisses broussailles qui couvrent cette côte. Dans moins d'une heure, toutes ces positions sont enlevées et les Arabes en désordre sont forcés de se retirer sur une dernière batterie, placée sur une hauteur voisine. Cette position ne les met pas plus à l'abri de l'attaque de nos troupes que la première, et là, comme auprès de la côte, leur résistance est inutile ; ils fuient sur tous les points en laissant en notre pouvoir onze pièces de canon et deux mortiers Notre armée, après avoir assuré sa position, campe pour la nuit. Nos pertes sont évaluées à une soixantaine d'hommes morts ou blessés ; celle des Arabes n'est pas connue parce qu'ils enlèvent tous leurs morts et leurs blessés.

Le 15 au matin, une fusillade assez vive s'est engagée entre l'armée et les Bédouins qui s'étaient avancés jusque sur nos avant-postes. Quelques fusées à la Congrève ont été jetées dans des groupes et plusieurs coups de canon les ont dispersés aussitôt. Dans l'après-midi, les Bédouins se retirent et nos troupes continuent leurs travaux de fortification au quartier-général et font tous leurs efforts pour se mettre à même de poursuivre leurs succès.

Le 16, le vent est à l'Ouest bon frais, la mer est très grosse ; il pleut la plus grande partie de la journée. Les travaux de débarquement sont suspendus. Plusieurs bâtiments qui sont mouillés très près de terre courent les plus grands dangers, mais il n'arrive aucun accident fâcheux. La corvette de charge la *Vigogne* a été plusieurs heures sur le point de se perdre. Les troupes restent dans leurs positions et ne sont nullement inquiétées.

Le 17, le vent reste à la même partie, mais il est beaucoup moins fort et la mer est beaucoup moins grosse, ce qui permet de continuer à débarquer tous les objets de première nécessité pour nos troupes. L'armée reste en présence des Arabes, dont le nombre paraît grossir considérablement de jour en jour, et s'occupe de monter son artillerie pour être en mesure d'attaquer vigoureusement l'ennemi, s'il se présente en masse. Ce matin, une fusillade vive et assez longtemps continuée s'est fait entendre, mais nous n'en avons pas connu les résultats.

Le 18, les deux armées restent en présence sans s'inquiéter. On continue à débarquer avec la plus grande activité, le matériel de l'armée et les chevaux devenus indispensables pour la manœuvre des pièces d'artillerie. Au fur et à mesure que les bâtiments sont déchargés, on les expédie, pour faire place aux bâtiments du second convoi qui arrive de Palma. Les Arabes ont travaillé tout le jour à établir des batteries en avant de leur camp.

Le 19, dès le point du jour, toutes les troupes algériennes sont répandues sur les hauteurs qui dominent les positions de notre armée, et l'attaquent vigoureusement sur tous les points. La canonnade et une vive fusillade s'engagent aussitôt sur toute la ligne, et l'affaire devient générale. Dans le premier choc, la cavalerie arabe a chargé avec la plus grande intrépidité, mais sur tous les points elle a été repoussée et mise en fuite. Dans moins de cinq heures de combat, toutes les positions de l'ennemi ont été enlevées et le pavillon français a flotté au milieu de son camp. L'ardeur et l'intrépidité de cette armée est au-dessus de toute expression. Les résultats de cette belle affaire sont : la prise du camp avec environ 400 tentes et les bagages, 11 pièces de canon et deux mortiers, 80 chameaux, des troupeaux, beaucoup de munitions de guerre, de l'argent, dit-on, qui a été partagé aux capteurs et un très petit nombre de blessés. Leur perte en hommes ne peut-être estimée que très approximativement, attendu qu'ils mettent le plus grand soin à les emporter. Cependant, dans cette affaire, ils ont été tellement poussés avec vigueur qu'ils ont été forcés d'en laisser environ 180 à 200 sur le champ de bataille. Notre perte est évaluée à 4 à 500 blessés et un petit nombre de tués. L'esprit de nos soldats est exaspéré par les mauvais traitements que l'ennemi exerce envers nos malheureux prisonniers, en les décapitant à l'instant même où ils tombent en son pouvoir.

On rapporte que quelques Turcs au moment d'abandonner leurs dernières batteries sont venus se précipiter sur le feu de nos pièces d'artillerie pour y trouver la mort, et qu'un d'eux, ayant été seulement blessé, a eu assez de force d'âme pour tirer son sabre et se le plonger dans le cœur.

Après cette brillante journée, nos troupes campent sous les tentes de l'ennemi qui fuit en déroute et dans la plus grande démoralisation. Au coucher du soleil, on n'aperçoit plus aucun Bédouin sur les montagnes voisines.

Les 20, 21, 22 et 23, l'armée reste dans ses positions qu'elle fortifie. La Marine continue ses opérations de débarquement; toutes les troupes sont employées aux travaux de défense des positions que nous occupons et au transport du matériel nécessaire pour une nouvelle attaque. Quelques Bédouins, parmi lesquels se trouvent des hommes marquants, viennent parlementer avec le général en chef qui les reçoit avec beaucoup de bienveillance. On passe des marchés avec eux pour avoir des bœufs et des moutons, qu'on leur promet de très bien payer; mais on juge que ces négociations seront inutiles, par la grande crainte que ces misérables montrent d'être découverts.

Le 24 au matin, nos avant-postes sont attaqués par la cavalerie arabe ; l'affaire devient presque aussitôt générale et en quelques heures l'ennemi est repoussé et chassé jusque sur les derniers retranchements de la montagne d'Alger. Quatre à 500 bœufs sont tombés au pouvoir de notre armée. La perte de l'ennemi paraît avoir été peu considérable. Une mine ou un magasin à poudre que les Turcs ont fait sauter au moment où nos régiments gravissaient à toute hâte les hauteurs, a produit un instant d'hésitation dans les rangs et a été sur le point de nous faire beaucoup de mal. Quelques minutes plus tard, un bataillon entier était enseveli sous les débris de cette violente explosion. Une cinquantaine de blessés, parmi lesquels se trouve un des fils du général en chef, sont les pertes que nous avons faites dans cette journée.

Le 25, un convoi de 130 à 140 voiles, apportant des vivres, le restant du matériel de siège et les chevaux, mouille sur rade par un très beau temps. Toutes les embarcations de l'armée ont été commandées pour commencer immédiatement le débarquement.

Le 26, le vent est à l'Ouest grand frais et la mer fort grosse ; dans l'après-midi, plusieurs bâtiments de guerre chassent, quelques-uns cassent leurs amarres, d'autres leurs ancres. Cinq bricks du convoi sont jetés à la côte ; un seul est défoncé par la mer et entièrement perdu : les équipages n'ont nullement pris mal.

Depuis cinq heures du matin jusque vers les trois heures de l'après-midi, une vive canonnade s'est fait entendre au delà de la montagne qui nous sépare d'Alger. Nous n'avons reçu aucune nouvelle sur les résultats de cette journée.

Le 27, le ciel est superbe, la brise très faible et variable, la mer est totalement tombée. Un grand nombre de bâtiments de guerre et du convoi mettent sous voile, les premiers pour tenir la mer, les autres pour se rendre en France. Notre armée continue ses préparatifs d'attaque et échange du matin au soir des coups de canon avec l'ennemi ; l'infanterie est fortement inquiétée par des charges partielles de cavalerie, ce qui, chaque jour, met du monde hors de combat, sans aucun résultat pour nous. Les communications avec le quartier-général sont maintenant difficiles et dangereuses, à moins d'escorte, des Bédouins, qui viennent sur les derrières de l'armée et jusque près de la côte, dévalisant et massacrant tout ce qui a le malheur de se trouver sur leur passage.

Le 28, le ciel est beau, le vent à l'Est, petite brise, la mer très calme. Les dernières sections des compagnies de marins qui doivent être mises à terre pour la garde de la presqu'île, sont débarquées dans l'après-midi. Des coups de canon se font toujours entendre par intervalles dans les mêmes positions que les jours précédents. Les préparatifs de combat se font avec la plus grande activité.

Le 29, à 4 heures du matin, le bruit du canon nous annonce que notre armée est en marche et, à 7 heures, nous sommes informés que toutes les positions de l'ennemi ont été tournées et enlevées au pas de charge. Quinze pièces de canon de gros calibre sont restées au pouvoir de nos troupes. Nos pertes en hommes paraissent très peu considérables. Après cette brillante matinée, notre armée vient prendre position non loin du fort l'Empereur, dont elle doit commencer le siège immédiatement.

Le 30, on s'occupe des reconnaissances et à construire les batteries de brèche. Toute la journée la canonnade se fait entendre, mais il ne se passe rien d'important. Les consuls anglais et sarde viennent auprès du général en chef, sous l'escorte de leurs janissaires, pour s'éloigner du théâtre de la guerre et éviter l'éminent danger qui les menace.

La première quinzaine du mois de juin a été généralement mauvaise ; le vent a soufflé plus souvent avec violence et la température toujours fraîche et irrégulière. Aussi les maladies qui se sont présentées à notre observation ont presque toutes reconnu pour cause déterminante la transition prompte d'une température à une autre. Les angines, les bronchites et les otites ont été les plus communes ; nous avons eu aussi deux pleurésies, quelques douleurs rhumatismales et une hémoptysie.

Les militaires passagers nous ont fourni, en outre, plusieurs fièvres intermittentes à type quotidien et tierce ; chez les uns et chez les autres il s'est déclaré une diarrhée qui, chez quelques-uns, avait pris un certain degré de gravité, pendant notre séjour dans le golfe de Palma. Toutes ces maladies, auxquelles je pourrais joindre quelques gastrites légères, ont cédé d'une manière généralement prompte au régime et moyens antiphlogistiques pour les uns et à l'administration du sulfate de quinine pour les autres.

Indépendamment des maladies internes dont je viens de parler, nous avons eu à diriger le traitement de plusieurs vénériens, tant marins que passagers et qui ne nous ont rien offert de particulier. Presque tous ont été mis à l'usage des préparations mercurielles sous diverses formes et chez le plus grand nombre la guérison a été fort prompte.

Les blessés, quoique assez nombreux, ont peu fixé notre attention; deux seulement me paraissent avoir été assez importants pour devoir en faire mention. Le premier est un marin qui fit une chute du pont dans la cambuse, d'où il fut retiré sans connaissance, ayant une contusion avec plaie à la tête. La diète la plus rigoureuse, les saignées locales et les révulsifs, le mirent bientôt hors de danger et déjà il est en parfaite santé.

Le second est un soldat du 14e régiment de ligne, qui, au débarquement, reçut un boulet, vraisemblablement à la fin de sa course, à la partie antérieure et supérieure de la cuisse gauche. Au moment où il a été apporté à bord, il présentait une plaie, d'environ trois pouces, au-dessous du pli de l'aine, résultant du projectile, avec une très forte contusion qui s'étendait depuis la partie moyenne de la cuisse jusqu'au dessus de la crête de l'os des îles, sur laquelle avait porté la crosse du fusil, d'après le rapport du malade.

Une diète absolue, l'eau de tilleul édulcorée pour boisson et les résolutifs les plus actifs, sont les moyens qui ont été mis en usage au moment de l'accident. Malgré tous nos soins subséquents, toute la partie qui avait été frappée se transforma en escarrhe, qui, en se détachant peu de jours après, a donné lieu à une plaie fort étendue, mais superficielle. L'angle antérieur et supérieur de l'os iliaque a été cependant mis à découvert dans l'étendue de cinq à six lignes. Aucun accident n'ayant du reste compliqué cette blessure, l'homme est dans l'état le plus satisfaisant.

Le 1er juillet notre armée continue ses opérations de siège et elle travaille sans relâche, malgré le feu presque continuel de l'ennemi, à établir ses batteries de brèche pour la prise du fort. On assure qu'un grand nombre d'Arabes, effrayés par les affaires du 19 et du 24 juin, ont abandonné le service du Dey, désespérant de pouvoir arrêter la marche d'une armée, qu'ils considèrent comme invincible. Les Turcs et les Bédouins restés fidèles inquiètent de tous leurs moyens et harcèlent en tirailleurs nos avant-postes ; mais inutiles efforts, nos travaux se poursuivent avec la même activité, nos nombreux canons vont être montés et mis en batterie et l'affaire est décidée.

Ce matin, une partie de l'escadre sous les ordres de l'amiral Rosamel a reçu l'ordre d'aller défiler devant la ville et de la canonner. Au premier coup de canon parti des vaisseaux toutes les batteries des remparts ont riposté, presque en même temps, sans avoir égard à la distance ni à la direction : aussi il n'y a pas eu un seul blessé sur nos bâtiments.

Le 2, nous mettons sous voiles, par un temps calme et une mer superbe. Le 3, à 2 heures de l'après-midi, après nous être rapprochés le plus possible de terre, le vent étant à l'Ouest jolie brise, et les dispositions de combat prises, l'escadre, composée de 26 vaisseaux ou grandes frégates, a attaqué de nouveau toutes les fortifications qui défendent cette place, par mer. Pendant plus d'une heure qu'à duré le combat, à très petite distance, nous n'aurions pas eu un seul blessé, sans le fâcheux événement d'une pièce de 36 qui a éclaté et qui nous a mis vingt-sept hommes hors de combat, dont dix morts sur le coup et un onzième qui n'a survécu que quelques heures. Parmi nos blessés, se trouve M. Berard, lieutenant de vaisseau, commandant la batterie, qui a reçu une très forte contusion derrière l'épaule gauche ; le quartier-maître chef de la pièce qui a éclaté a eu la cuisse fracturée et une très forte contusion sur la poitrine, et un matelot très grièvement blessé au pli de l'aine par un éclat. Tous les autres ont des contusions plus, ou moins fortes, mais sans danger et des brûlures en général très étendues.

Le 4, le vent passe à l'Est, mais la brise est jolie et la mer belle, ce qui décide l'amiral à ordonner le branle-bas de combat et à s'approcher de la ville pour l'attaquer une troisième fois. Arrivés à une petite distance des batteries, on aperçoit un canot parlementaire sortant du port ; quelques instants après le ministre de la Marine algérienne arrive à bord et demande grâce pour les malheureux habitants de cette infortunée cité. Depuis 5 heures du matin, un feu continuel d'artillerie avait été dirigé contre le fort l'Empereur ; vers les 10 heures, la garnison de ce fort, voyant que les murailles allaient s'écrouler et qu'ils ne pouvaient tenir plus longtemps, se décida à le faire sauter en prenant la fuite. Un petit nombre d'Arabes et deux de nos mineurs seulement ont été victimes de cet événement. Ce fort une fois au pouvoir de notre armée, le sort de la ville était décidé. Le Dey et son Conseil avaient perdu la tête ; le peuple était épouvanté et la milice divisée. Un seul parti restait encore, c'était celui d'implorer la clémence des généraux français, en se livrant à eux avec confiance, et c'est ce qu'ils font. Le restant de la journée se passe en pourparlers.

Le 5, à la pointe du jour, cent bouches à feu sont prêtes à faire feu sur la ville ; le peuple effrayé de ces dispositions se sauve à toute hâte par la porte de la Marine et vient camper sur une petite hauteur, non loin de la mer, à deux heures environ de la ville. Vers midi, nos soldats entrent en vainqueurs dans la place et à 2 heures le pavillon français flotte sur toutes les fortifications de la Marine.

Le 6, nous mouillons en rade d'Alger, mais à une très grande distance de la ville. Quelques heures après notre arrivée, MM. les capitaines des bricks le *Silène* et l'*Aventure* viennent faire leur première visite à M. l'amiral. Dans l'après-midi, le bateau à vapeur le *Sphinx* est expédié pour Toulon avec les dépêches qui doivent annoncer la soumission de cette ville, trop longtemps redoutée.

Le 2 septembre, dans la matinée, le général Clauzel arrive sur le vaisseau l'*Algésiras*, pour prendre le commandement supérieur de la place. Le 3 au soir, le général Bourmont quitte la rade sur un petit brick de commerce autrichien, portant le n° 31. On ignore où il va se rendre.

Le 8, au matin, nous avons appareillé avec quatre bâtiments pour nous rendre à Toulon.

Mœurs et Coutumes Provençales

LA SAINT-ÉLOI A SIGNES (Var)

MŒURS et COUTUMES PROVENÇALES

La SAINT-ÉLOI à Signes (Var)

I. — Signes

De quelque côté que vous vous rendiez à Signes, l'impression est la même : une route accidentée, montueuse, languissante à travers bois pendant plusieurs heures de chemin. Puis, tout à coup comme par enchantement, dès que vous dévalez sur l'autre versant, vous voyez à vos pieds une plaine verdoyante qu'une route blanche traverse d'un bout à l'autre comme un long ruban en zigzags. Vous voilà soulagé ! bientôt vous serez rendu !

Au nord de la plaine, flanqué au pied des montagnes, caché dans la verdure de beaux platanes et d'ormeaux séculaires, est bâti le village, aux larges rues très proprettes. De nombreuses fontaines, aux eaux limpides et fraîches, alimentées par le Raby, desservent une population laborieuse, aux mœurs pastorales. Curieuse est la rue juive, avec ses maisons aux étages surplombant sur leurs

rez-de-chaussées. A citer aussi : « l'aire des Masques et
la « Cour d'amour » où jadis :

> « Maintes Chibronnes prononçaient ;
>   Et plus d'obstacles :
>   Tous les amants applaudissaient
>   A leurs oracles. »

II. — Procession de la Saint-Jean

C'est dans cette paisible localité, que, chaque année,
depuis un temps immémorial, sont célébrées dans les
journées du 24 et du 25 juin, la fête patronale de Saint-
Jean-Baptiste et celle de St-Eloi, deux Saints bien d'ac-
cord, n'est-ce pas ?

De vieilles coutumes bien conservées, président à leur
célébration.

Tout d'abord, à la procession de St-Jean, qui a lieu
après les vêpres, deux pères de famille conduisent, chacun d'une main, un agneau d'une blancheur de neige, et
de l'autre, un tout petit enfant de trois ans, aux cheveux
frisés, revêtu d'une peau d'agnelet, portant, petit Saint-
Jean-Baptiste, sur ses épaules une croix et une gourde
en bandoulière. Les deux agneaux sont offerts au Saint :
l'un sera tiré en loterie à la fin des fêtes, et l'autre sera
vendu aux enchères. Sacrilège serait celui qui tuerait les
pauvres bêtes. Elles sont recueillies, bien au contraire,

dans les fermes où leur présence porte bonheur aux gens
et aux troupeaux.

———

III. — La fête de St-Eloi. — Les héros de la fête

———

Le cérémonial de St-Eloi est plus curieux et attire par
son originalité même de nombreux étrangers dans la localité. Mais faisons connaissance avec les héros de la fête.

C'est d'abord le Capitaine et l'Enseigne, l'un marié, l'autre jeune célibataire. Ils sont escortés dans leur sortie
par onze invités de leurs amis. La durée de leur mandat
est d'un an. Tous portent pour costume un veston et une
paire de pantalons en drap noir qu'ils remplacent, pour
la cavalcade, par une autre paire en coutil blanc. Leur
coiffure est un chapeau à claque, flanqué sur le côté droit
d'un long panache tricolore, auquel le Capitaine et l'Enseigne ajoutent un plumet jaune, signe distinctif de leur
grade. De même, la boutonnière de ces derniers est
ornée d'un tout petit bouquet de six fleurs artificielles,
alors que celui des invités n'en a que cinq. Tous les deux
ont à fournir la poudre pour la « bravade », un bouquet
de roses blanches artificielles aux demoiselles prieuresses du Saint et, pendant les fêtes, diverses collations à
leurs invités.

Le Saint est escorté de quatre prieurs, qui remplissent
chacun une fonction spéciale. Le premier tient la caisse,
c'est le trésorier; le second, les sacs pour le blé ramassé;

le troisième, les panaches, et le quatrième, l'étendard de St-Eloi ou guidon, ainsi que les joies (giòio) qu'on suspend à sa fenêtre, le jour de la fête.

Les prieurs, renouvelables par moitié chaque année, ont pour mission de ramasser du blé après la récolte. Il est d'usage de leur donner deux picotins de grains ou 0 fr. 25 c. pour chaque bête de somme. Pas une maison, pas une ferme n'est oubliée; mais en retour chacun reçoit, par animal, le jour de la fête, un pain bénit. La moitié lui sera donnée à manger, et l'autre sera conservée précieusement pour conjurer un malheur dans le courant de l'année.

N'oublions pas aussi nos deux prieuresses, toujours grâcieuses, à l'air candide sous leur robe de neige et au frais minois que cache un long voile blanc de tulle fine. Elles sont chargées de parer l'autel du Saint, lui font escorte dans les processions. Pour les récompenser de tant de dévouement, St-Eloi les exauce toujours, parait-il, dans leurs demandes. En voilà, certes, qui ne coifferont pas Ste-Catherine.

IV. — Le feu de joie

La fête commence, le soir même de la Saint-Jean, par le feu de joie, qu'on brûle à proximité de l'Eglise.

Cette cérémonie a son cachet tout particulier : deux tambours précédés d'un fifre se rendent chez l'Enseigne, devant la maison duquel, déjà, depuis un bon moment, les onze invités, en costume noir, tirent des coups de fusil. De là, nos jeunes mousquetaires s'en vont chercher le Capitaine et ses invités, qui font aussi, de leur côté, un tapage d'enfer. La « bravade » est alors complète ; elle se rend à l'Eglise pour prendre le clergé et, sur tout son parcours, ce ne sont que des décharges de mousqueterie, qui ébranlent les maisons et assourdissent les oreilles.

A leur arrivée, ils vont saluer St-Eloi; le clergé, cierges allumés en main, se joint à eux et la procession, tambours et fifre en tête, se rend au carrefour où doit bientôt brûler le feu de joie.

Après divers chants religieux, le clergé s'apprête à mettre le feu aux brindilles et sarmants entassés ; mais dès qu'un endroit s'enflamme, vite un malin « bravadaire » l'éteint en déchargeant son arme. Cette chasse au curé excite, un bon moment, un fou rire parmi les spectateurs. Comme il faut pourtant qu'il y ait un vainqueur, le clergé finit par allumer le feu qui pétille bientôt, aux applaudissements de la foule. C'est la victoire mystique du christianisme sur le paganisme.

Tandis que les dernières flammèches s'élèvent du brasier, la procession se reforme et se rend à l'Eglise pour saluer le Saint. A sa sortie dans les rues, la « bravade » recommence de plus belle. Ce vacarme infernal ne cesse que devant la maison du Capitaine.

V. — La Cavalcade

Nous voici au 25 juin ; c'est enfin la St-Eloi qu'on va fêter !

> Lou souleoù las encaro dort ;
> Maï lou ceù blu sé barnis d'or !
> Anèn ! Couragé !
> Ségur, n'aùren jour plèn d'entrin,
> Déja brusis lou tambourin
> Dins lou villagé !

Les voilà devenus cavaliers nos « bravadaires » de la veille ! Ils sont pimpants avec leurs pantalons blancs, montés sur des chevaux tout couverts de fleurs, de rubans multicolores et de beaux tapis : la main de la femme a passé par là, croyez-le bien.

A neuf heures du matin, le fifre et les tambours vont prendre l'Enseigne et le Capitaine, l'un et l'autre escortés de leurs invités. Le guidon est alors mis aux enchères ; puis cette cavalerie bizarre se rend devant l'Eglise où sont arrivées déjà les bêtes de somme du village, montées de leurs propriétaires.

La cavalcade se forme aussitôt l'arrivée du clergé. Le cavalier qui tient le guidon ouvre la marche, ayant, d'un côté, le sergent de ville portant trompette et, de l'autre, le mulet chargé des sacs de pains bénits. Viennent ensuite, pêle-mêle, les particuliers sur leurs montures enrubannées, les joïes au bout de cannes vertes, les tambours, le fifre. Derrière; suivent l'Enseigne, drapeau du Saint déployé, le Capitaine, sabre au port d'armes, leurs invités ; enfin le clergé et la statue du Saint portée par quatre enfants en robe blanche et escortée des prieuresses et des prieurs.

La cavalcade est d'un effet pittoresque. C'est un brouhaha indescriptible : les chants religieux, les hennissements des bêtes, le son des cloches qui carillònnent, les appels joyeux des cavaliers et les cris poussés par la foule qui se masse sur son passage. Et ce cortège carnavalesque parcourt toutes les rues du village, semant partout un enthousiasme populaire.

A leur retour à l'Eglise, l'Enseigne et le Capitaine, escortés de leur suite, font à pied leur entrée triomphale dans le lieu saint, au son du fifre et des tambours et vont se placer : le premier à gauche, et le second à droite dans les stalles du sanctuaire. La messe va avoir lieu.

———

VI. — La Messe.

La Cérémonie du Citron

———

L'Eglise est comble de curieux. L'autel du Saint est superbement paré de fleurs et d'oriflammes ; la statue brille dans son cadre doré, à la clarté de nombreux cierges allumés.

La messe commence ; aussitôt les orgues se font entendre. Le Capitaine sort alors de sa poche un gros citron qu'il perce de son couteau en de nombreuses fentes. Puis, dans l'une d'elles, il enfonce délicatement, selon ses moyens, une pièce d'or ou d'argent. Cela fait, le citron circule de main en main ; invités et Enseigne glissent dans une entaille leur offrande personnelle.

Pendant ce temps, le pain bénit est distribué dans l'Eglise et chacun mange, ainsi le veut la coutume, tout comme à l'auberge.

Après l'offertoire, les tambours battent le rappel. Aussitôt, Capitaine, Enseigne et invités, coiffés du chapeau à claque, se rendent en procession, précédés du fifre et des tambours, devant l'autel du Saint.

L'offrande a lieu. Le Capitaine, portant le citron au bout de l'épée, se présente devant la statue, fait la génuflexion, se dresse et promène son arme en signe de croix. Il pose une seconde fois genou à terre et va baiser un crucifix que tient le célébrant sur les marches de l'autel. Enseigne et invités, tous se présentent, à tour de rôle et de la même façon. Seul, le dernier offre à genoux le citron au célébrant, qui s'empresse de le prendre d'un air réjoui !

Capitaine, Enseigne et invités processionnent de nouveau dans l'Eglise et vont reprendre leur place respective.

Cette cérémonie se fait au milieu d'un vacarme épouvantable. Tout le monde veut voir ; chacun se hisse sur sa chaise, on se bouscule, on crie ; on rit même aux éclats lorsqu'un jeune invité inexpérimenté fait mal le salut ou si, dans un mouvement précipité, le citron roule à terre et, surtout, si l'offrant fait mine de ne pas se le laisser prendre par le célébrant.

Au dehors, durant la messe, devant l'Eglise, on continue à enchérir le guidon avec fureur. Très souvent la trompette du sergent de ville se fait entendre et ce dernier de crier : « Es à 25 fr. lou guidoun, qu li metté maï, l'ia d'argent à gagna é lou dina en sus. »

VII. — La Bénédiction des bêtes

La Messe est terminée. Le Capitaine, l'Enseigne et leurs invités, précédés du fifre et des tambours sont sortis de l'Eglise et ont enfourché leur monture respective. Le clergé, qui les avait accompagnés avec la statue du Saint, est resté devant l'entrée principale de l'Eglise. La bénédiction commence au milieu des hennissements des bêtes et des cris des cavaliers : guidon et mulet chargé de sacs de pains bénits, particuliers, Enseigne et Capitaine, tous défilent devant le clergé et reçoivent la bénédiction traditionnelle. — « Li soun toutei leï besti ? » disait une fois le curé avant la cérémonie ? — « Ouï, Moussu lou cura, li sián toutei » lui fut-il répondu naïvement par un brave homme !

Les prieurs ont déjà déchargé les sacs de pains qu'ils distribuent aux cavaliers, à leur passage, en donnant à chacun d'eux autant de pains qu'ils mènent de bêtes.

Après la cérémonie, la cavalcade se reforme. Elle se

rend chez l'Enseigne où se termine l'enchère au guidon ;
de là, on accompagne le Capitaine à sa maison, puis chaque cavalier regagne joyeux son domicile particulier.

VIII. — Dîner et transmission
des pouvoirs

A midi sonnant, dans une vaste salle de l'hôtel principal de la localité, a lieu le dîner de Saint-Eloi, auquel
assistent le dernier enchérisseur du guidon, le Capitaine,
l'Enseigne, leurs invités et de nombreux convives.

> Pucï per faïré marcha leï dent,
> Cadun s'atàoulo fort countent
> Sus sa cadièro.
> Après avé rempli lou traoù
> Toutei saùtavoun fouligàou
> Coumo de nièro !

Vers la fin du repas, les tambours parcourent les rues
pour annoncer que la transmission des pouvoirs va avoir
lieu.

Au milieu de la salle, sur une grande table prennent
place les deux tambours au milieu desquels se met le
Capitaine. Un roulement de caisses se fait entendre, suivi
aussitôt d'un profond silence. Le Capitaine, l'épée au
port d'armes, prononce d'une voie quelque peu émue la

formule traditionnelle : « Démandi pardoun à Diou et à Sant Aroï sé mé siou màou aquita dé meï devé. Moussu X... (il désigne son successeur) sé n'en aquitarà miès qué iou l'an qué vén. »

C'est ensuite le tour de l'Enseigne et des deux prieurs sortants qui lui succèdent sur la table, en répétant chacun les mêmes paroles.

A chaque nomination nouvelle, on applaudit ; les tambours battent ; on félicite les promus, qui acceptent leur charge comme un devoir sacré auquel, de mémoire d'homme, aucun n'a jamais failli encore. On trinque à leur santé dans toute la salle.

Le repas terminé, tout ce monde se rend en farandole chez le nouveau Capitaine qui reçoit, sur la porte de sa maison, l'épée de la main de son prédécesseur ; puis chez le nouvel Enseigne, à qui l'on remet le drapeau ; enfin chez les nouveaux prieurs. Trois boîtes sont tirées devant la maison du premier ; deux autres devant celle du second et une seulement au domicile des derniers.

IX. — Clôture des Fêtes

Le soir, avant le repas — car il y a encore repas à l'hôtel — les gens de la fête se rendent en farandole à l'Eglise pour remercier Saint-Eloi et le clergé. Les nouveaux promus y sont présentés. Ils assistent ensuite gratuitement au dîner qui se prolonge fort tard dans la nuit. On y mange, on y chante, on y trinque tellement trop, peut-être, que chacun, en allant se coucher, a son plumet particulier.

C'est fini ; et tous se disent, en se quittant : « A l'an qué vén, coumpaïré, sé Dioù nous présto vido ! »

Louis MOUROU

TABLE DES MATIÈRES

PROCÈS-VERBAUX DES SÉANCES

OUVRAGES OFFERTS à l'Académie : *La Médecine et la Pharmacie chez les Chinois et les Annamites*, par M. le Dr REGNAULT (rapporteur Dr HAGEN). — *La Maison des Souvenirs*, par M. FERNAND HAUSER (rapporteur M. PERRETTE).

ÉLECTION pour le renouvellement du BUREAU.

RAPPORT de M. le Dʳ MOURRON.

ÉLECTION d'un membre titulaire : M. J. MAGGINI.

LECTURE : *Patrie*, poésie, par M. V. HONORAT.

OUVRAGES reçus pendant le mois de Janvier.

OUVRAGES OFFERTS à l'Académie : *Sous les Lilas*, poésies par M. V. ROSE (rapporteur M. PERRETTE). — *Le Foyer du Soldat et du Marin*, par M. le Dʳ REGNAULT.

RAPPORTS de M. JAUBERT sur l'ouvrage de MM. PAUL et MONGIN : *Le Hameau des Pomets* et *La Vallée de Dardennes* ; 2° de M. le Dʳ HAGEN sur la candidature de M. Cottrelle ; 3° de M. PERRETTE sur l'ouvrage de M. F. HAUSER, *La Maison des Souvenirs* ; 4° de M. RIVIÈRE sur l'ouvrage de M. ROUSTAN, *La Major et le premier Baptistère de Marseille* ; 5° de M. le Dʳ HAGEN sur l'ouvrage de M. le Dʳ REGNAULT, *La Médecine et la Pharmacie chez les Chinois et les Annamites*.

ÉLECTION d'un membre titulaire : M. COTTRELLE.

LECTURE : *La Barque*, poésie, par M. le Dʳ MOURRON.

OUVRAGES reçus pendant le mois de Février.

ÉLECTION d'un membre associé : M. HENRI DE BRIGNAC, géologue.

RAPPORT de M. PERRETTE sur l'ouvrage de M. VICTORIN ROSE : *Sous les Lilas*.

LECTURES : *Mousse-Capitaine*, poème par M. HONORAT — CAUSERIE sur *la région du Verdon*, par M. ARMAND JANET.

MÉMOIRES

Imprimerie A. BORDATO, rue Neuve, 7, Toulon

PUBLICATIONS DE L'ACADÉMIE DU VAR

Années 1832 à 1865 — 29 volumes in-8°.
1868 — 1 volume in 8° de 358 pages.
1869. — 1 volume in 8° de 536 pages.
1870. — 1 volume in 8° de 358 pages.
1871. — 1 volume in-8° de 391 pages.
1872. — 1 volume in-8° de 334 pages.
1873. — 1 volume in-8° de 480 pages.
1874-75-76. — 1 volume in-8° de 406 pages.
1877-78. — 1 volume in-8° de 475 pages.
1879-80. — 1 volume in-8° de 498 pages.
1881.   1 volume in-8° de 334 pages
1882-83. — 1 volume in-8° de 534 pages.
1884-85. — 1 volume in-8° de 508 pages.
1886. — 1 volume in-8° de 332 pages.
1887-88. — 1 volume in 8° de 480 pages.
1889-90. — 1 volume in-8° de 508 pages.
1891-92 — 1 volume in-8° de 480 pages.
1893-94. — 1 volume in-8° de 432 pages.
1895.   1 volume in-8° de 228 pages.
1896. — 1 volume in-8° de 180 pages.
1897. — 1 volume in-8° de 264 pages.
1898. — 1 volume in-8° de 196 pages.
1899. — 1 volume in 8° de 198 pages.
1900. — Livre d'or du Centenaire 1 vol. in-8° de 230 pages
1901. — 1 volume in-8° de 258 pages.
1902. — 1 volume in-8° de 180 pages.
1903. — 1 volume in-8° de 496 pages.
1904. — 1 volume in-8° de 264 pages.
1905. — 1 volume in-8° de 270 pages.
1906. — 1 volume in-8° de 128 pages.

Ces volumes sont en vente, sauf les années 1832 à 1865 qui sont épuisées. — S'adresser à M. le Président de l'Académie du Var, Musée-Bibliothèque, à Toulon.